Theory of

Service

서비스 / e-서비스품질 평가와 관리

서비스론

김병헌

Profile

김병헌(金炳憲, Kim, Byung-Hun)

서울대학교 사범대학을 졸업하고, 인하대학교 경영대학원에서 경영학 석사, 한국항공대학교 대학원에서 경영학 박사를 취득하였다. 육군제3사관학교에서 교수부 교관, 대한항공에서 교육원과 영업본부 및 국내 · 외 지점장, 토파스여행정보에서 CRS 영업 마케팅 및 교육 담당 상무를 역임하였다. 현재, 한국관광대학교에서 관광경영과 교수로 재직 중이며, 한국관광진흥학회 회장, 한국관광 · 서비스연구원 원장, 한국항공경영학회 이사, 한국항공전략연구원 연구위원으로 활동 중이다. 국토교통부의 지방공항 활성화 전략개발 자문교수, 한국산업인력공단의 국가직무능력표준(NCS)개발사업 관광여행서비스부문 개발에 참여하였으며, 이천시 도시계획자문위원 등으로 활동 중이다. 주요 연구 분야는 관광정책, 관광마케팅, 항공사경영, 항공 – 관광의 연계성, e-서비스, 서비스품질 등 관광 · 서비스산업 분야이다.

서비스 / e-서비스품질 평가와 관리
서비스론

2016년 2월 20일 초판 1쇄 인쇄
2016년 2월 25일 초판 1쇄 발행

지은이 | 김병헌
펴낸이 | 김종욱
펴낸곳 | 지식인
등 록 | 제301-2013-134호
주 소 | 서울시 도봉구 도봉로 476, 415호(삼성쉐르빌퍼스티)
전 화 | 02)2266-8606 (대)
팩 스 | 02)2266-8607
이메일 | jisikin2013@naver.com
홈페이지 | www.jisikinbook.co.kr

ISBN 978-89-98591-69-4 (93320)

값 16,000원

서비스 / e-서비스품질 평가와 관리

서비스론

PREFACE

현대사회에 있어서 모든 산업이 서비스산업이라는 표현이 있습니다. 선진국의 경우 서비스산업의 비중이 더욱 절대적입니다. 2011년 통계에 의하면, 서비스산업 비중이 미국은 78.6%, 일본은 72.7%이며, 우리나라의 경우도 58.1%를 점유하였으며, 산업 고도화에 따라 서비스산업 비중은 크게 확대될 것입니다.

현대사회에서 서비스산업이 획기적으로 성장하고 있으며, 특히 IT(기술정보)발전에 따라 e-서비스가 크게 발전하고 있습니다. 서비스산업에서 서비스품질 향상은 숙명적인 과제의 하나이며, e-서비스의 경우도 마찬가지입니다. 그런데 국내에서 서비스에 대한 연구가 활성화되고 있으나, e-서비스에 대한 자료는 많지가 않습니다. 더구나 e-서비스의 실체는 있으나 그 개념정의, 품질차원과 품질 연구모형에 대한 자료는 더욱 그러합니다. 서비스와 e-서비스에 대한 품질평가와 품질평가 모형 및 그 품질관리 방안에 대해 언급한 서적은 찾아보기가 어렵습니다. 본서는 이러한 점에 유의하고, 아울러 서비스향상 전략과 서비스산업에 대한 기본적인 구조를 언급하고자 하였습니다.

본서의 구성은 총 5편(서비스개론, 서비스품질, e-서비스, 서비스향상전략, 서비스산업) 18장으로 구성하였습니다.

제1편은 서비스개론으로 서비스의 개념과 특성, 서비스시스템의 이해, 서비스행동의 성격과 서비스접점에 대해 언급하였습니다.

제2편은 서비스품질로서 품질의 개념과 품질요소, 서비스품질의 개념과 품질구분, 서비스품질 평가, 서비스품질 평가모형, 서비스품질과 고객만족을 다루었습니다.

제3편은 e-서비스에 대한 내용으로, e-서비스의 개념과 특성, e-서비스의 형태와 혜택, e-서비스의 영역과 연구동향, e-서비스품질 차원과 모형에 대해 언급하였습니다.

제4편은 서비스향상 전략입니다. 여기서는 서비스산업과 서비스품질관리, 품질인증제도, 서비스시스템 설계와 운영관리, 서비스마케팅에 대해 다루었습니다.

제5편은 서비스산업입니다. 산업의 분류, 산업분류체계 등 산업구분에 대해 살펴보고, 서비스산업의 구조와 우리나라 산업구조 변화와 한국표준산업 분류체계에 따라 2014년도 서비스산업 통계현황을 조망하였습니다.

본서의 특징으로는 각 장의 마지막 부문에 종합학습 연구를 위해 다루어진 주요용어와 토의주제를 제시하여, 연구자 및 학습자가 주제에 대한 이해와 숙지 정도를 참고할 수 있도록 하였습니다. 학습현장에서는 학습자들이 소그룹별로 연구 · 토의 형식의 학습이 가능하도록 하였습니다.

또한 본서는 서비스와 e-서비스개념과 차원 및 품질연구 모형에 대한 내용을 언급하여 서비스품질 연구를 심화할 수 있게 하였습니다. 대학의 학부 과정에서는 일정 부분을 제외하고 학습하며, 대학원 과정에서는 심화학습이 가능할 것입니다. 그러므로 본서는 예상독자층으로 사회과학 및 서비스 관련 대학 / 학과 대학(원)생, 연구자, 산업계 종사자, 정책 담당자는 물론 서비스 및 e-서비스 관련 관심을 가진 일반인도 서비스에 대한 기반지식을 학습할 수 있습니다.

본 저자는 서비스산업 현장에서 오랜 기간 동안 근무하며, 서비스향상을 위해 노력해 왔으며, 대학에서 서비스 관련 교과수업을 수년간 해오고 있습니다. 그러나 일반 서비스 교재의 대부분이 서비스예절 부분을 크게 다루거나, 서비스마케팅만을 다루는 상황입니다. 그래서 용기를 내어 보았습니다만, 천학비재의 아쉬움이 있는 것이 사실입니다. 유관 학계와 산업계의 지도편달을 열린 마음으로 기대합니다.

감사합니다.

2016년 2월

김병헌 드림

PART 1

서비스개론 009

Chapter 01. 서비스의 개념과 특성 011

01. 서비스의 정의 011

02. 서비스의 특성 012

03. 서비스 패키지 017

Chapter 02. 서비스시스템의 이해 022

01. 서비스 운영시스템의 분류 022

02. 서비스 운영시스템의 유형별 과제 024

Chapter 03. 서비스행동의 성격과 서비스접점 028

01. 서비스행동의 성격 028

02. 서비스접점 030

03. 기술기반 서비스접점 031

PART 2

서비스품질 035

Chapter 04. 품질의 개념과 품질요소 037

01. 품질에 대한 정의 037

02. 품질의 구성요소 040

Chapter 05. 서비스품질의 개념과 품질구분 044

01. 서비스품질의 정의 044

02. 서비스품질의 구분 047

03. 서비스품질의 특성 048

Chapter 06. 서비스품질 평가 053

01. 서비스품질 차원 연구 054

02. 서비스품질의 인식 055

03. 서비스품질의 측정 059

Chapter 07. 서비스품질 평가모형 065

01. 서비스품질평가 대표적 모형 065

02. 서비스품질 평가모형도 078

03. 서비스품질의 구분 및 평가모형의 한계 083

Chapter 08. 서비스품질과 고객만족 087

PART 3

e-서비스 093

Chapter 09. e-서비스의 개념과 특성 095

01. e-서비스 정의 095

02. e-서비스 특성 101

Chapter 10. e-서비스의 형태와 혜택 109

01. e-서비스의 형태 109

02. e-서비스의 혜택 111

Chapter 11. e-서비스의 영역과 연구동향 115

01. e-서비스 범위와 영역 115

02. e-서비스 연구동향 116

03. e-서비스와 기술수용 문제 117

Chapter 12. e-서비스품질 122

01. e-서비스품질 차원 123

02. e-서비스품질 모형 129

PART 4

서비스향상 전략 137

Chapter 13. 서비스산업과 서비스품질관리 139

01. 서비스산업 내의 서비스품질평가 사례 139

02. 주요 서비스산업의 서비스관리 144

03. 항공사 서비스품질 측정연구 147

Chapter 14. 품질인증제도 151

01. 국제 및 주요국가 품질인증제 151

02. 우리나라의 서비스품질인증 157

Chapter 15. 서비스시스템 설계와 운영관리 163

01. 서비스접점 관리 163

02. 서비스 블루프린트 165

Chapter 16. 서비스마케팅 170

01. 서비스마케팅의 특성 170

02. 서비스마케팅믹스 171

PART 5

서비스산업 181

Chapter 17. 산업 구분 183

01. 산업의 분류 183

Chapter 18. 서비스산업과 구조 190

01. 우리나라 산업구조 변화 190

02. 한국표준산업 분류와 서비스산업 192

03. 한국서비스산업 통계조사 195

04. 한국서비스산업 통계조사 – 기초자료 199

참고문헌 205

서비스개론

PART 1

CHAPTER 01 서비스의 개념과 특성

CHAPTER 02 서비스시스템의 이해

CHAPTER 03 서비스행동의 성격과 서비스접점

THEORY
OF
SERVICE

서비스의 개념과 특성

01. 서비스의 정의

서비스란, 무엇인가에 대해서도 다양한 방식으로 정의되고 있다. 경제학적 관점에서는 제품 내지 상품과 구분하여 서비스를 '용역'으로 이해하고, 유형재인 '제품'과 대비하여 서비스를 '비물질적 재화'로 인식한다. 서비스에 대한 본격적인 연구가 진행된 경영학 및 마케팅 분야의 정의 또한 다양한 관점이 상존한다.

AMA(1960)의 서비스에 대한 정의는 "판매를 위해 제공되거나 제품판매에 수반되어 제공되는 행위, 효용 및 만족을 의미"한다고 하여, 서비스개념 인식의 초기 단계로, 제품과 마케팅을 중심으로 한 정의로써 제품과 대응된 고유 존재로서의 서비스개념에 미흡한 정의가 되고 있다.

서비스는 "시장에서 판매되는 무형의 상품으로 유형제품 이외에 소유권 이전의 대상이 되며, 기업 또는 기업가가 시장거래를 통해 판매하는 것이며, 제품은 촉감을 느낄 수 있는 유형의 경제재로서 눈으로 볼 수 있고 손으로 만질 수 있으며 맛을 보거나 듣거나 냄새를 맡을 수 있는 반면에, 서비스는 그렇지 못한 그 외의 모든 것을 뜻한다(Rathmell, 1976)"고 하여 서비스의 무형성에 중점을 둔 정의가 되고 있다.

유사한 정의로, "서비스는 물리적 소유가 불가능한 행위나 일의 수행 또는 어떤 노력을 포함하고 있는 무형의 제품이다"(Berry, 1980). "서비스는 행위 또는 편익으로서 무형적인 것이며 소유권 이전이 수반되지 않을 뿐만 아니라 물리적 제품과 관련될 수도 있고 안 될 수도 있다"(Kötler, 1982). "서비스는 욕구충족의 대상이 되며 본질적으로 확인 가능한 무형적인 행위이며 제품이나 다른 서비스의 판매와 반드시 결합될 필요가 없으며, 이를 생산하는 것은 유형재의 사용을 반드시 요구하지 않고, 그러한 사용이 요구될 때라도 이들 유형재의 소유권 이전은 없다"(Stanton, 1984). "서비스는 고객과 기업이 제공하는 서비스 종업원, 제품, 시스템 간의 상호작용에서 생기는 일련의 무형적 활동이다"(Grönroos, 1982).

이와 같은 서비스의 정의는 서비스의 무형성과 소유권 비획득 및 유형재와의 결합 문제 등 서비스 특성에 대한 측면을 내포하고 있다. "서비스는 물적인 제품이나 구조물이 아니며, 일반적으로 생산되는 시점에서 소멸되고, 구매자에게 편리함, 즐거움, 적시성, 편안함 또는 건강과 같은 무형적인 형태의 부가가치를 제공하는 모든 경제적인 활동을 포함한다"(Quinn et. al, 1987). Quinn et. al(1987)의 정의는 서비스 특성인 소멸성(비저장성) 및 생산과 소비의 동시성을 내포할 뿐만 아니라 서비스 효익에도 유의한 관점을 보이고 있다.

서비스는 "고객의 문제를 위해 제공된 해결방안으로서 고객과 서비스 종업원들 및 또는 물리적 자원들 또는 상품들 및 또는 서비스 제공자의 시스템들 간의 상호작용 속에서 일어나는, 반드시 그럴 필요는 없지만 정상적으로는 많거나 혹은 적은 무형적인 본질을 가진 활동 혹은 일련의 활동"으로 정의한다(Grönroos, 2001b). 보다 포괄적인 서비스 정의로는 "모든 상품은 서비스이다. 경제적 교환은 근본적으로 서비스 제공이다"(Vargo et. al, 2004)라는 데까지 확장하고 있다.

02. 서비스의 특성

고객에게 제공되는 유통 프로세스에서 산출물이 물리적인 형태가 있는 유형적인 성격이냐 물리적인 형태가 없는 무형적이냐에 따라 제품 내지 상품과 서비스로 구분한다. 서비스에 대한 정의는 다양하지만 공통적으로 무형성Intangibility과 생산과 동시에 소비된다Simultaneous Consumption는 특성을 들고 있다.

서비스는 다소 무형적인 특성의 활동이나 일련의 활동들로서 구성되어 있으며, 대체로 고객이 문제해결을 위해 고객과 서비스 제공자의 인적 자원과 물적 자원, 서비스 제공시스템 등의 요소들 사이에 상호작용이 발생한다(Grönroos, 1990). 서비스는 행위, 프로세스, 그리고 결과로 이루어져 있다(Zeithaml, and Bitner, 1996). 서비스는 고객이 공동생산자의 역할을 수행하면서 고객에게 받아들여지고 시간 소멸적이고 무형적인 경험을 말한다.

통상적으로 제품과 서비스의 차이에 대해서는 Sasser et al.(1978)의 4가지 차원으로 무형성Intangibility, 이질성Heterogeneity, 소멸성Perishability, 동시성Simultaneity으로 설명해 왔다. 그러나 서비스에 대한 이해도를 제고하기 위해 제품과 서비스의 차이점을 보다 세분화하면 다음과 같다.

표 1.1 제품과 서비스의 차이점

구 분	제 품	서비스
소유권	이전 획득	이전 획득 불가
형태	유형성	무형성
생산프로세스	고객 불참여	고객이 생산에 참여
다른 고객관여	상관없음	관여함
투입, 산출물의 변동성	동질성	이질성
고객평가	탐색속성에 치중	경험속성 내지 신뢰속성 의존
재고 보관	가능	불가능
생산, 분배, 소비	분리됨	동시성
주요 가치	제품(물건)	활동 또는 프로세스
주요가치 생산 장소	공장	판매자 – 구매자 간 상호작용 과정
시간요소	비교적 덜 중요	중요

자료 : Lovelock et al., 2002 및 이유재(2005) 활용 저자 재구성

서비스를 제품과 구분하는 것은 간단하지가 않다. 고객에게 제공되는 산출물을 유·무형성을 기준으로 하여, 물리적인 형태를 보유한 유형적인 성격의 제품상품 : Goods과 이와 대비하여 보이지 않는 무형적인 성격의 서비스Services로 구분할 수 있다. 이는 고객의 욕구와 필요를 제품의 창출로 충족시키는 제조Manufacturing산업과 무형적인 가치창출로 충족시키는 서비스산업으로 구분하는 기초개념이 된다. 산출물을 창출하는 프로세스가 제조이냐 서비스이냐에 따라 관리의 초점이 달라진다. 서비스와 제품의

차이가 나는 특성들은 유형성의 비중에 따른 그림 1.1의 제품과 서비스의 유·무형성 스펙트럼 구분과 같이 유·무형성 스펙트럼에서 연속적인 개념으로 구분해 볼 수 있으며, 대체로 다음과 같은 관점에서 그 특성을 구분한다.

1) 제품/재화 대비 서비스 특성

(1) 서비스의 4가지 특성

전통적으로 제품과 서비스의 차이에 대해 무형성Intangibility, 이질성Heterogeneity, 생산과 소비의 동시성Simultaneity, 소멸성Perishability의 4가지 특성으로 설명해 왔으며(Sasser et. al, 1978), 이에 대해 PZB(1985)는 다음과 같이 정리하였다.

표 1.2 서비스의 4가지 특성과 관리 시사점

제 품	서비스	서비스관리 시사점
유형성	무형성	• 서비스는 저장할 수 없다. • 서비스는 쉽게 특허를 낼 수 없다. • 서비스는 쉽게 전시되거나 소통할 수 없다. • 가격 책정이 어렵다.
표준성	이질성	• 서비스제공과 고객만족은 직원과 고객의 행위에 달렸다. • 서비스품질은 많은 통제 불가능한 요인에 달렸다. • 제공된 서비스가 계획되거나 촉진된 것과 일치하는지 확실히 알기 어렵다.
생산과 소비의 분리성	비분리성	• 고객이 거래에 참여하거나 영향을 미친다. • 고객이 서로에게 영향을 미친다. • 직원이 서비스성과에 영향을 미친다. 분산화가 필수적이다. 대량생산이 어렵다.
비소멸성	소멸성	• 수요와 공급을 맞추기가 어렵다. • 서비스는 반품이나 재판매될 수 없다.

자료 : PZB(Parasuraman, A., Zeithaml, V. A., and Berry, L. L.), 1985, pp.41-50.

(2) 서비스의 9가지 특성

이러한 전통적인 서비스 특성에 대한 인식을 Lovelock et. al(2002)은 9개 차원으로 확대하여 제시하였다.

표 1.3 서비스의 9가지 특성과 관리 시사점

서비스 특성	서비스관리 시사점
고객의 소유권 비획득	항공사의 좌석, 의사의 지식 등 서비스결과와 과정이 중요하다.
무형의 성과 제공(*1)	자동차제조사는 스타일, 안전성, 연비 등 물리적 · 유형적 속성에 중점을 두나, 렌털회사는 이용요금, 보험료, 배달서비스, 예약편의성 등 비가시적 서비스 가치에 중점을 둔다. 그러나 유 · 무형의 속성비중의 상대적 크기일 뿐 단속적인 구분은 어렵다.
고객의 생산과정 참여	서비스 수행을 위해 물리적 시설과 정신적 · 신체적 노동을 결합하여 서비스 산출물을 만든다. 이 과정에서 고객이 참여하게 된다.
타고객의 서비스창출 참여	서비스 제공자 이외 다른 고객과도 과정에 참여한다. 이용고객수준을 형성한다.
투입 · 산출물의 변동성	서비스 창출과 동시에 소비가 이루어져 고객이나 시간에 따라 품질이 달라질 수 있어 표준화가 어렵고 투입 · 산출의 변동성 통제가 어렵다.
고객의 평가 어려움(*2)	탐색 속성에 치중하는 상품과 달리, 경험 속성 또는 신뢰 속성에 의존하는 경향이 크며, 합리적인 평가가 어렵다.
재고의 불가능성	서비스는 유형적 품목이 아닌 행위나 성과이므로 저장 불가하다.
시간요소의 중요성	고객이 실제 존재하는 상황에서 실시간으로 서비스가 제공되어 기시간의 제약이 문제이다.
다양한 유통경로 사용	서비스공장과 소매점, 소비위치가 한곳에서 이루어지는 혼합형 경로를 사용할 수 있고, 인터넷 등 전자적 유통경로를 사용한다.

자료 : *1 : Lovelock et. al, 2002 : 상품과 서비스에 포함된 유 · 무형적 요소의 비중〈그림도표〉
*2 : Lovelock et. al, 2002 : 상품 / 서비스평가 속성의 특징(탐색 속성, 경험 속성, 신용 속성)〈그림표〉

서비스에 대한 특성은 전술한 바와 같이 무형성Intangibility, 이질성Heterogeneity, 생산과 소비의 동시성Simultaneity, 소멸성Perishability의 4가지로 인식해 온 개념을 다소 세분하여 9가지로 확장하였다. 그런데 이는 결국 서비스의 현저한 특성인 4가지 특성에서 기인한다고 볼 수 있다. 아울러 현대 사회에서 서비스적인 요소의 중요성이 크게 증가하고 있어, 제품과 서비스를 구분하는 요소 중에서 유형적인가 무형적인가 하는 개념도 간단하게 설명하기 어렵게 되었다. 그림 1.1의 제품과 서비스의 유무형성 스펙트럼에서 보는 바와 같이 그 비중의 차이가 있을 뿐 유무형적 요소가 제품이나 서비스에서 혼재하기 때문이다.

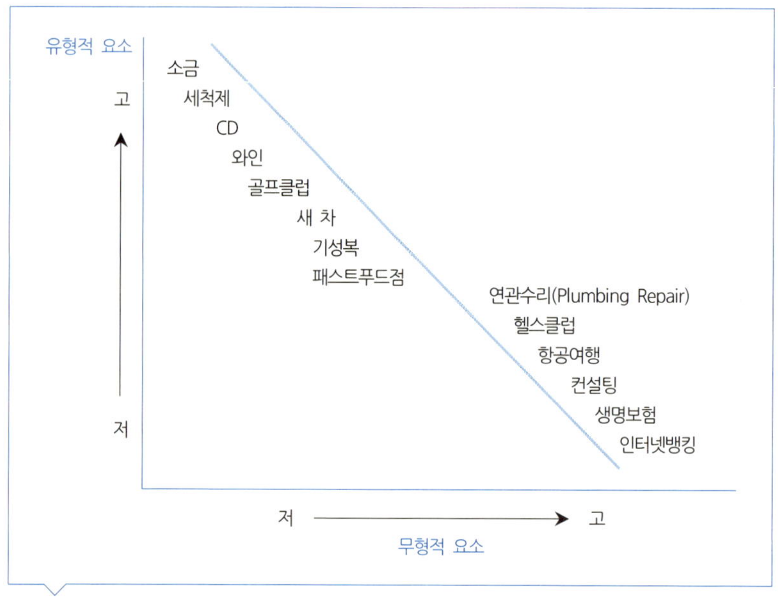

자료 : Shostack, G. L., 1977.

그림 1.1 제품과 서비스의 유 · 무형성 스펙트럼

2) 품질속성 유형 스펙트럼과 품질평가

서비스는 탐색 속성에 치중하는 상품과 달리 경험 속성 또는 신뢰 속성에 의존하는 경향이 크며, 합리적인 평가가 어렵다. 탐색 속성Search Attributes은 소비자가 구매에 앞서 정확하게 결정할 수 있는 속성을 말하며, 경험 속성Experience Attributes은 소비자가 구매 혹은 소비 후에 평가할 수 있는 속성을 말한다. 신용 속성Credence Attributes은 소비자가 구매 혹은 소비 후에도 자신 있게 평가하기 어려운 속성을 가진 서비스를 말하며, 컨설팅 · 의료수술 · 법률적 어드바이스 등을 예시하고 있다.

Lovelock et. al(2007)은 "서비스의 속성에 따라서 소비자의 평가는 다르게 나타난다."고 설명하였다. 이는 서비스 유형을 서비스 속성에 따라 탐색 속성 서비스Search Attributes Services, 경험 속성 서비스Experience Attributes Services, 신용 속성 서비스Credence Attributes Services 등으로 분류하고, 각 속성에서 제공받은 서비스에 대한 평가는 차이가 있음을 설명하고 있다.

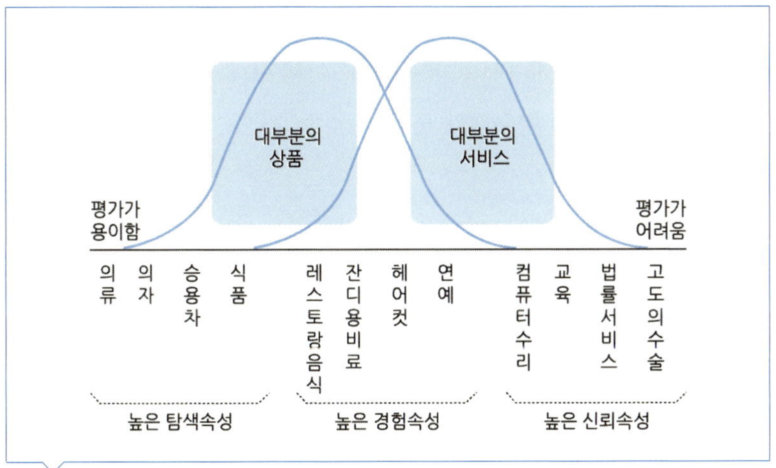

자료 : Lovelock, C. and Wright, L., 2002.

그림 1.2 상품 / 서비스평가 속성의 특징

03. 서비스 패키지

서비스 환경은 제조업 환경과는 차이가 있으며, 이에 대한 이해가 있어야 적절한 서비스 경영이 가능할 것이다. 그러나 현실적으로 제품과 서비스를 구별하는 것은 쉽지 않다. 왜냐하면, 제품구매에 있어서 이에 수반하는 부수적 서비스(설치작업 등)가 필요하며, 서비스 구매에서도 보조용품(레스토랑음식 등)의 제공을 포함하기 때문

표 1.4 서비스 패키지(서비스 / 제품 묶음)

요 소	핵심제품의 예	핵심서비스의 예
사업	맞춤 의상실	비즈니스호텔
핵심적 제공품	정장	객실
부수적 물품	의류가방	목욕가운
부수적 서비스	후불제도	자체식당
추가품	커피 라운지	공항셔틀

자료 : David A. Collier, 1994.

이다. 제품이나 서비스에 있어서 공통적으로 핵심적 제공품, 부수적 물품, 부수적 서비스, 추가품 등을 포함한 패키지 형태가 된다. 아래 표에서 비즈니스호텔의 핵심 서비스는 객실이지만, 이외의 부수적인 물품과 서비스가 부가되어 고객에게 패키지 형태로 제공된다.

서비스를 한 마디로 정의하는 것은 어려우며, 이는 종합적인 서비스 경험을 만들어 내는 프로세스 내에 고객이 참여하는 문제나 무형성 등의 특성 때문에 그러하다. 특정 환경에서 제공되는 재화와 서비스의 묶음을 서비스 패키지라 하며, 5가지로 구성된다.

표 1.5 서비스 패키지 요소

구 분	내 용	사 례
지원설비	서비스 제공 이전에 반드시 갖추어야 하는 물리적인 자원들	항공기, 골프코스, 스키리프트
보조용품	구매자들에 의해 소비되거나 구매되는 물품 또는 고객에 의해 제공되는 물건	골프클럽, 스키, 음식, 자동차부품, 법적서류, 의료보험
정 보	효율적이며 고객화된 서비스 제공을 가능하게 하는 고객에 의해 제공되는 운영데이터 또는 정보	비행기 여유좌석, 환자의 진료기록, 고객이 알려주는 택시하차 위치
명시적 서비스	감각에 의해 직접적으로 알 수 있는 서비스로서 서비스의 본질적이고 핵심적인 특색을 구성	치아치료 후 통증감소, 정비 후 부드럽게 달리는 차
묵시적 서비스	고객이 희미하게 느끼는 심리적인 혜택이나 서비스의 외관적인 특색을 의미	아이비리그 대학 학위의 위상, 대출 사무실의 사생활 보호, 자동차수리 후 안심

자료 : James A. Fitzsimmons, Mona J. Fitzsimmons, 2007.

전기한 유형성 스펙트럼의 개념과 서비스패키지 개념은 제품과 서비스의 구분을 어렵게 한다. Bagozzi(1986)에 의하면, 사회학적 교환가치로서 상품의 의의를 전제로 하여 상품의 구성요소를 실체제품과 비실체적 서비스로 구분하고, 전자를 유형적 요소, 후자를 무형적 요소로 구분하여 제품과 서비스가 혼재함을 제기하였다.

상품Merchandise은 제품Products과 서비스, 즉 유형재Tangible Goods와 무형재Intangible Goods를 합한 사회학적 의의를 내포한 효용재Utility Goods가 된다. 효용재로서 제품이란, 서비스 내지 효용의 집합체로서 소비자에게 제공되는 물리적 · 상징적인 속성 묶음이라

할 수 있으며, 이에 서비스는 소비자의 욕구와 필요에 상응하는 조건으로서 얻게 되는 기능적 · 사회적 · 심리적 가치체계라 할 수 있다.

Enis et. al.(1981)은 "서비스는 유형의 물체가 아니다. 그러나 서비스 구매자는 상품의 유 · 무형의 특성을 구매하는 것이 아니라, 상품에서 얻어지는 '편익의 묶음A Bundle of a Benefits'부터 어떠한 효용Utility을 구한다."고 하였다. Kotler et. al(1989)도 제품의 3가지 수준에서 핵심적 혜택을 보유하는 '핵심제품Core Product'과 특성, 스타일, 품질수준, 상표, 포장 등으로 핵심제품의 혜택과 서비스를 보조하는 것으로서 '유형제품실제제품 : Actual Product' 및 배달 · 신용판매, 품질보증, 애프터서비스, 설치 등 실제제품에 추가적인 혜택으로 '확장제품Augmented Product'을 제시하여 상품화하는 제품속성에 서비스가 내포되어 있음을 시사하고 있다.

종합정리학습 및 토의과제

❶ 용어에 대한 이해

- 서비스
- 무형성
- 이질성
- 비분리성
- 소멸성
- 서비스패키지
- 핵심적 제공품
- 명시적 서비스
- 묵시적 서비스
- 유형성 스펙트럼

종합정리학습 및 토의과제

❷ 토의과제

- 학자들의 서비스 정의를 살펴보고, 서비스정의의 다양성에 대한 이유는?

- 서비스와 제품 / 재화와 그 특성에 대해 설명할 수 있는가?

- 유형성 스펙트럼이란 어떤 개념인가?

- 서비스패키지에 대해 사례를 들어 설명할 수 있는가?

서비스시스템의 이해

01. 서비스 운영시스템의 분류

서비스가 이루어지는 프로세스를 분류하는 대표적인 체계로 Schmenner(1986)의 서비스 프로세스 매트릭스Service Process Matrix를 들 수 있다. 그는 서비스 프로세스에서 사용되는 노동의 집약정도Labor Intensity와 고객과의 상호작용 및 고객화의 정도Interaction and Customization를 기준으로 서비스 운영시스템을 4가지 유형으로 구분하였다. 이는 서비스공장, 서비스숍, 대량서비스, 전문적 서비스 형태이다.

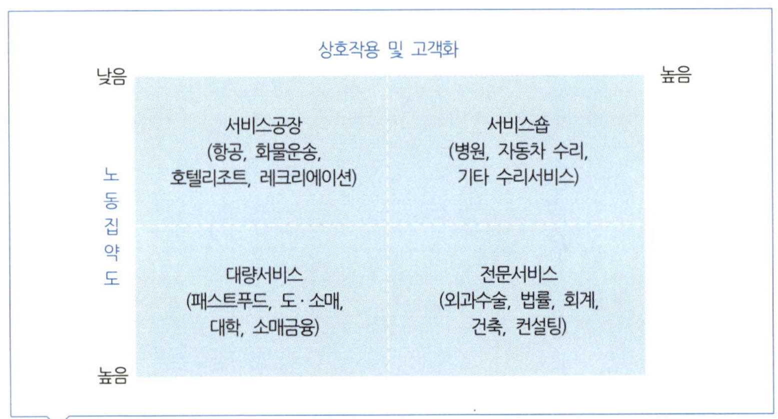

자료 : Schmenner, 1986.

그림 2.1 서비스 운영시스템의 분류

서비스 운영시스템의 구분은 서비스 창출을 위해 사용하는 자원과 고객과의 상호작용을 중심으로 분류한 것이며, 주로 전략적인 측면에서 서비스 운영시스템의 개선과 향상을 위해 중점을 두어야 하는 의사결정 영역이 어떤 것인지 규명하기 위해 서비스 프로세스의 개괄적인 과정을 구분한 것이다.

1) 노동집약도의 정도

Y축은 노동집약도의 정도로서 '자본비용에 대한 노동비용의 비율'을 나타내며, 노동집약도가 낮은 서비스 프로세스는 역으로 자본집약도가 높은 특징을 가지며, 항공사나 병원이 대표적인 사례이다. 한편, 노동집약도가 높은 프로세스는 주로 서비스 제공자에 의한 창출비중이 크며, 대학, 법률사무소가 사례이다.

2) 상호작용 및 고객화의 정도

X축은 고객과의 상호작용과 고객이 원하는 형태로, 서비스를 제공하는 고객화의 정도를 나타낸다. 서비스 내용의 표준화가 되어 있는 패스트푸드 같은 경우는, 고객과 제공자 간의 상호작용이 별로 필요하지 않다. 반면에, 외과수술의 경우 진료서비스 전체 과정에 제공자(의사)와 고객(환자) 간의 높은 상호작용이 필요하다.

서비스공장의 대표적인 사례인 항공 및 화물운송 등은 자본집약도가 높은 설비가 필요하며 제한된 종류의 표준화된 서비스를 제공하는 특징을 가지고 있다. 서비스숍은 노동력보다는 설비에 의존하여 고개의 다양한 욕구를 충족하는 병원이나 자동차 수리 등의 서비스 프로세스를 말한다. 대량서비스는 대학이나 패스트푸드와 같이 주로 서비스 제공자의 노동력에 의존하여 제한된 종류의 서비스를 대량으로 제공하는 서비스 프로세스를 의미하며, 전문서비스는 높은 전문적인 서비스 능력을 보유한 제공자에 의해 고객의 다양한 욕구를 충족하는 프로세스를 표현한다.

02. 서비스 운영시스템의 유형별 과제

Schmenner(1986)는 노동집약도의 정도와 고객과의 상호작용 정도를 분석하고, 이에 상응하는 서비스시스템에 대한 경영자 과제를 다음과 같이 제안하고 있다.

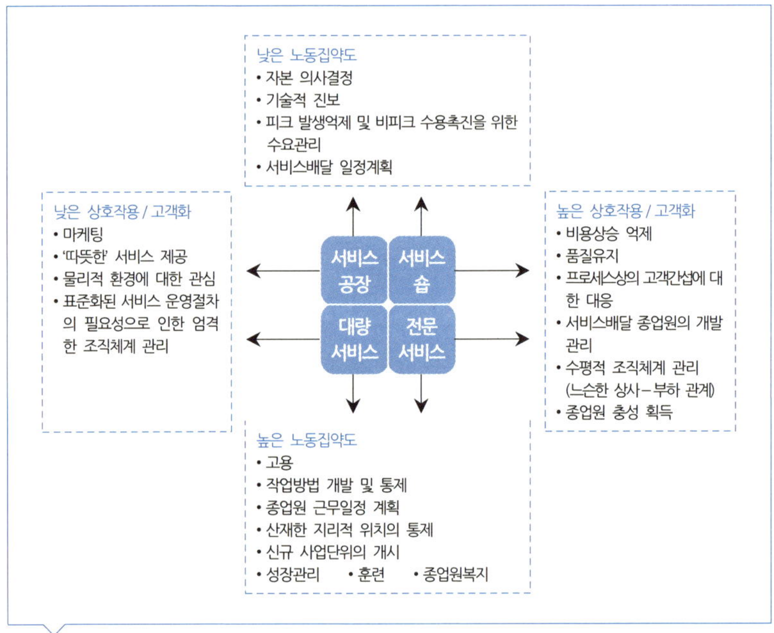

자료 : Schmenner, 1986.

그림 2.2 서비스 운영시스템 유형별 경영자의 과제

1) 낮은 노동집약도 측면

항공사와 같은 높은 자본투자가 요구되는 서비스 운영시스템의 경우는, 경쟁력 유지를 위해 기술적인 진보에 신속히 대응하는 노력이 필요하다. 아울러 설비 및 장비의 감가상각비의 비중이 크므로 서비스 설비의 이용률을 높일 수 있도록 서비스 수요관리 노력이 필요하다.

2) 낮은 상호작용 / 고객화 측면

항공사와 같이 표준화된 서비스를 중심으로 고객을 응대하는 경우는 엄격하게 통제된 서비스시스템을 기반으로 균질의 서비스가 제공되도록 하는 것이 필요하다. 특히 서비스가 제공되는 환경인 물리적 시설이 고객의 품질인식에 영향이 크므로, 이에 대한 배려가 필요하다.

종합정리학습 및 토의과제

❶ 용어에 대한 이해

- 서비스 프로세스
- 서비스 운영시스템
- 노동집약도
- 고객과의 상호작용

종합정리학습 및 토의과제

❷ 토의과제

• 서비스가 이루어지는 과정(프로세스)을 연구하는 이유는?

• 서비스시스템이란 무엇이며, 서비스 운영시스템 설계에 고려되어야 하는 요소들은 무엇인가?

• 서비스 운영시스템 설계를 위해 서비스산업의 한 분야를 선택하고, 이 분야 경영자로서 유념해야 할 과제에 대해 설명하시오.

서비스행동의 성격과 서비스접점

01. 서비스행동의 성격

전기한 서비스 운영시스템의 분류를 통해 서비스 운영시스템의 개선을 위한 전략적인 의사결정 영역을 규명할 수 있다면, 동 시스템 내에서 수행되는 세부적인 서비스행동의 개선을 위해 프로세스에서 이루어지는 행동의 성격을 파악하는 일이 필요하다.

Lovelock et. al(2002)에 의하면, 서비스창출 프로세스에서 수행되는 서비스행동의 성격은 2가지 차원으로 구분하여 설명한다. 하나는 서비스의 대상이 무엇(사람 또는 사물)인지 하는 측면이며, 다른 하나는 서비스행동의 유·무형성 구분의 차원이다.

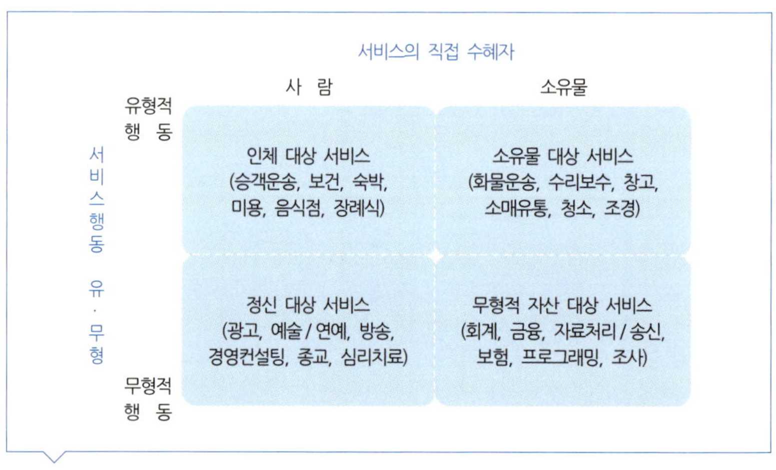

자료 : Lovelock et. al, 2002.

그림 3.1 서비스행동의 성격

1) 인간 프로세싱People Processing

고객의 신체를 대상으로 한 서비스로서 인체에 대한 유형적인 서비스행동을 말한다. 항공사의 승객운송, 치과의 치료 등이 사례로써, 서비스 수혜를 위해 고객은 서비스 전체과정에 걸쳐 물리적으로 서비스장소에 머물러야 한다.

2) 소유물 프로세싱Possession Processing

고객의 소유물을 대상으로 한 서비스로서 고객의 상품이나 물질적 소유물에 대한 유형적인 서비스행동을 말한다. 항공사의 화물운송, 수리 및 보수, 보관 · 저장 등이 사례이며, 서비스 대상물은 필히 서비스 전 과정 동안 물리적으로 서비스장소에 있어야 하나, 고객의 경우는 그렇지가 않다.

3) 정신적 자극 프로세싱Mental Stimulus Processing

고객의 심적 상태를 대상으로 한 서비스로서 인간의 마음을 대상으로 한 무형적인 서비스행동을 말한다. 예술, 교육, 방송 등이 사례이며, 서비스 수혜를 위해 고객을 정신적으로 서비스 전 과정에 참여해야 하나, 신체적으로는 서비스장소에 있을 수도 있고, 지리적인 원격장소에서 텔레커뮤니케이션 장치를 사용할 수도 있다.

4) 정보 프로세싱Information Processing

고객의 무형적인 자산을 대상으로 한 서비스로서 고객의 자산에 대한 무형적인 서비스행동을 말한다. 회계, 금융, 컨설팅 등이 사례이며, 서비스에 대한 요청 후 서비스 프로세스에 고객이 직접적으로 관여하는 일은 거의 없다.

02. 서비스접점

고객의 서비스품질 인식의 기반이 되는 서비스접점은 고객이 서비스조직과 상호작용을 할 때마다 발생한다. 서비스접점Service encounters은 일반적으로 원격접점Remote Encounter, 전화접점Phone Encounter, 대면접점Face-to Face Encounter의 3가지 유형으로 나눌 수 있다(Shostack, G. L., 1985).

(1) 어떠한 인적접촉 없이 서비스기업과 접촉하는 원격접점 상황

ATM, Kiosk, Internet 웹사이트를 통한 거래가 이에 해당한다. 또한 우편을 활용한 정보전달도 포함한다. 원격접점은 서비스의 물리적 증거, 기술적 프로세스, 시스템이 품질판단의 근본이 된다. 시간이 경과할수록 더 많은 서비스가 기술을 통해 전달되는데, 인터넷 출현이 이를 더욱 가속화하였다.

(2) 전화에 의한 접점

제조업이든 서비스업이든 대부분의 기업들이 고객서비스, 문의, 주문 등을 전화로 처리한다. 전화접점의 품질평가는 원격접점의 그것과 다르며, 이는 상호작용에서 잠재적인 가변성이 존재하기 때문이다(Shostack, G. L., 1985). 이 경우 목소리의 음색, 직원의 지식, 효과적 / 효율적인 소비자 문제처리 능력 등이 전화접점의 품질을 판단하는 데에 중요한 기준이 된다.

(3) 직원과 고객이 직접 만나는 대면접점

다른 유형에 비해 대면접점의 서비스품질을 파악하고 판단하기가 가장 복잡하다. 언어적 · 비언어적 행동 모두가 중요한 서비스품질 결정요인이 된다. 직원의 복장이나 기타 서비스의 상징들(장비, 브로슈어, 물리적 설비) 같은 유형적 단서들뿐만 아니라 서비스기업과 상호작용하는 중에 고객 자신의 행동도 대면접점의 서비스품질에 영향을 미치게 된다.

03. 기술기반 서비스접점

대부분의 서비스접점에 대한 논의와 연구들이 사람과 사람 사이의 서비스를 기반으로 하고 있다. 즉 대부분의 연구가 대면접점을 대상으로 하고 있다. 그러나 근래에 와서야 기술을 기반으로 하는 서비스접점에서의 만족과 불만족의 원인에 대해 관심을 갖기 시작하였다(Meuter, Ostrom, Roundtree, Bitner, 2000).

표 3.1 SST(Self-services Technology) 유형구분

목적 / 인터페이스	전화 / 음성응답	온라인 / 인터넷	양방향 키오스크	비디오 / CD
고객서비스	텔레뱅킹, 탑승정보, 주문확인	구좌정보, 주문 추적	ATM, 호텔 체크아웃	
상호작용	텔레뱅킹, 처방전 재발급	온라인쇼핑, 금융거래	호텔 체크아웃, 자동차 렌트	
Self-helf	전화정보서비스	원격교육, 인터넷 정보탐색	혈압 재는 기구, 여행자 정보	TV / CD를 이용한 교육

자료 : Meuter et al., 2000, p.52.

이러한 접점의 유형들은 인터넷을 기반으로 하는 서비스, 자동응답전화 서비스, 간이매점 서비스Kiosk Service, CD나 비디오 기술에 의해 제공되는 서비스들을 포함한다. 흔히 이러한 비즈니스시스템을 셀프서비스기술SST : Self-service Technologies이라고 부르는데, 이는 본질적으로 고객이 자기 자신에게 서비스를 제공하기 때문이다.

종합정리학습 및 토의과제

❶ 용어에 대한 이해

- 서비스행동
- 서비스대상(서비스 수혜자)
- 인간 프로세싱
- 소유물 프로세싱
- 정신대상 프로세싱
- 서비스접점
- SST

종합정리학습 및 토의과제

❷ 토의과제

- 서비스행동이란 무엇이며, 그 성격을 연구하는 이유는?

- 서비스행동에서 그 서비스 수혜대상이 사람일 때, 무엇이 중요한 요소가 될 것인가?

- 서비스접점의 유형을 설명할 수 있는가?

- 기술기반 서비스접점은 어떤 특성이 중요한가?

THEORY
OF
SERVICE

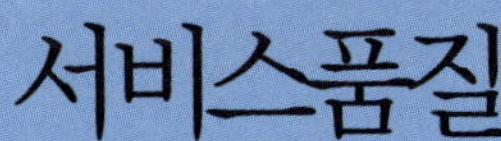

서비스품질

CHAPTER 04 품질의 개념과 품질요소

CHAPTER 05 서비스품질의 개념과 품질 구분

CHAPTER 06 서비스품질 평가

CHAPTER 07 서비스품질 평가모형

CHAPTER 08 서비스품질과 고객만족

THEORY
OF
SERVICE

품질의 개념과 품질요소

01. 품질에 대한 정의

품질Quality이란, 국어사전에서 '물건의 성질과 바탕'으로, IT사전에 의하면 "주어진 요구사항을 만족시키는 능력을 가진 생산품이나 서비스의 전체적인 특징과 성격"으로 정의되어 있다. 이 품질에 대한 학자들의 정의는 다음과 같이 다양하다.

표 4.1 품질의 정의

학자명	품질정의(품질이란)	비 고
Gitlow et al.	저비용과 시장에 적합한 균일성 및 신뢰성의 예측가능한 정도	
Johnson, R. S.	고객만족	사용자 관점
Deming, W. E.	지속적인 개선	생산자 관점
Feigenbaum, A. V.	소비자기대에 부응하는 제반특성의 전체적 구성	사용자 관점
SNV(스위스품질보증협회)	요건(신뢰성, 안전성 등)에 일치하는 정도	생산자 관점
Juran, J. M.	용도에의 적합성(Fitness for Use)	사용자 관점
Crosby, P. B.	요구조건에의 일치(Conformance to Requirements)	생산자 관점
ISO	명시적 · 묵시적 요구를 만족시키는 능력에 관련한 특성과 특징의 총체	사회적 관점

품질Quality은 관점에 따라 다양한 의미로 사용되고 있으며, 학문적 영역이나 실무적 환경에 따라 정의가 다르게 되고 있어 이에 대한 이해가 필요하다. 품질을 파악하는 관점으로는 제품(또는 서비스)의 생산자(또는 판매자)적 관점과, 제품의 사용자적 관점 및 사회적 관점으로 분류해 볼 수 있다.

"품질은 요구조건에의 일치Conformance to Requirements"이다(Crosby, P. B., 1983)라는 정

의와 "품질은 어떤 제품 특성이 그 제품에 대해서 주어진 요건들(신뢰성, 안전성 등)에 일치하는 정도"SNV : 스위스품질보증협회로 파악하는 것은 제품의 생산자적 관점에서 인식한 정의이다.

다음으로, "품질은 용도에의 적합성Fitness for Use"이다(Juran, J. M., 1974)라는 정의와 "품질이란, 제품이나 서비스의 사용에서 소비자의 기대에 부응하는 마케팅, 기술, 제조 및 보전에 관한 제반 특성의 전체적 구성"이다(Feigenbaum, A. V., 1983)라는 인식은 제품의 사용자적 관점의 정의이다.

마지막으로, 사회적 관점에서 품질을 인식한 정의로는 "품질이란, 물품 또는 서비스가 사용 목적을 만족시키고 있는지의 여부를 결정하기 위한 평가의 대상이 되는 고유의 성질, 성능의 전체"이다K.S.A.3001 또는 "제품이나 서비스 실체가 지니고 있는 명시적 내지 묵시적 요구를 만족시키는 능력에 관계되는 특성의 전체"(ISO, 1994), 다르게 표현하면 "품질은 표현되었거나 내재되어 있는 욕구를 만족시키기 위한 제품 혹은 서비스의 능력과 관련된 제품 또는 서비스의 특성과 특징의 총체"로 정의하였다.

품질을 정의하는 또 다른 방식으로 객관적 · 절대적인 품질과 주관적 · 상대적인 품질개념으로 이차원적 접근방법(한희영, 1981)도 가능하다. 전자는 제품 또는 서비스에 대한 자체적인 특질에 대한 관점이며, 후자는 이러한 특질에 대한 사용자의 평가 내지 효용성 판단의 가치기준이 된다. "품질은 기대와 실적 간의 비교"이다(Parasuraman et. al, 1985). 품질은 고객의 관점으로부터 정의되어야 한다. "품질은 고객 요구조건에의 합치Quality is Conformance to Customer Specifications"이다(Berry et. al, 1988).

이와 같은 품질인식 차이에 대해 Garvin(1984, 1988)은 선험적 기반 접근, 속성기반(중심적) 접근, 사용자기반 접근, 제조기반 접근, 가치기반 접근 등으로, 다음과 같이 구분하여 정의하였다.

(1) 선험적 기반Transcendent-based 정의

품질은 정신도 물질도 아닌 독립적인 제3의 실체이며 타고난 우월성을 의미한다. 비록 정의하기는 어려우나 그 무엇인지는 알고 있는 것(Pirsig, R. M. et al.)이다. 품질은 본질적인 탁월성이며, 경험에 의해서만 인지가 가능하다. 빈약한 품질과 구별되는 우월한 어떤 상태, 즉 품질은 빈약하고 기만적인 것에 안주하는 것에 대비하여 최고조의 수준에 도달 또는 달성하는 그 무엇이다(Tuchman, B. W., 1980). 그런데 이러한 품질 정의의 문제점으로는 품질을 분석 불가능한 개념으로 인식하여, 이에 관심을 둔 경영자의 실질적 지침이 되지 못한다는 한계가 있다.

(2) 속성 기반Attribute-based 정의

품질은 가격화된 속성에 부가하여 비가격화 된 속성을 포함한 특성의 총합이다(Lelfler, K. B., 1982). 품질을 정밀하고 측정 가능한 변수로 보며, 품질의 차이는 제품의 내용이나 속성의 차이로서 제품 특성의 총합에 의해 평가 가능하므로, 품질에 대한 수직적 · 계층적 측면의 정의이다. 이러한 품질인식의 문제점으로는 품질의 객관적 평가가 가능한 측면이 있으나, 모든 고객이 동일한 속성을 원한다는 가정이 필요하고, 고객 개개인의 욕구성향이나 선호도에 대한 차별성을 인식하지 못하는 제한점이 있다.

(3) 사용자 기반User-based 정의

품질은 보는 사람의 눈에 달렸다고 보는 것으로, "사용자의 용도 적합성Fitness for Use"이다(Juran, J. M., 1974). 품질을 개별 소비자의 만족과 동일시한다. 이러한 주관적이고 소비자지향적인 관점은 개별 소비자의 다양한 욕구와 필요를 가장 잘 만족시키는 것이 우수한 품질이라고 간주한다. 이러한 품질인식은 마케팅 측면에서 고객만족과 제품(상품) 특성의 최적 결합인 이상점의 개념을 도출할 수 있는 강점이 있으나, 한계점으로는 제품이나 서비스에 포함시켜 다수 고객들의 호감을 살 수 있는 속성을 어떻게 결정하는가의 문제와 함께 만족도를 제공하는 속성과 고품질을 내포하는 속성을 어떻게 구별할 것인가의 문제성이 있다.

(4) 제조 기반Manufacturing-based 정의

공학적인 방법이나 제조방법과 관계가 있는 품질인식으로, 품질은 "요구에 대한 합치"로 정의한다(Crosby, P. B., 1983). 제조 기반 정의는 생산과 제조 시 통제하는 방법과 동일하여 제품의 설계와 규격에의 합치 수준을 품질로 인식하는 공급자 지향적 인 품질 정의이다. 이러한 품질인식의 한계점으로는 '규격에의 일치'에서 그 규격이 고객의 필요성과 선호도를 기준으로 하지 않을 경우, 품질은 단지 생산관리에만 도움이 될 뿐 고객들이 원하는 것과의 차이가 발생하는 문제점이 발생한다.

(5) 가치 기반Value-based 정의

품질을 가치와 가격으로 정의한다. 양질의 상품은 만족스러운 가격에서 적합성을 제공하는 상품이다. "품질은 고객이 기대하는 것을 초과하는 것"이다(Zeithaml et. al, 1990). 성능(특성)과 원가의 관계가 품질(품질 = 성능 / 원가)이며, 품질은 고객에게 적합성 혹은 제품 성능과 적당한 가격 사이의 균형으로 정의되는 개념이다. 이러한 품질인식의 한계점으로는 제품의 객관적인 품질수준 문제뿐만 아니라, 제품에 대한 고객의 인식인 주관적인 품질과도 다소간의 차이가 발생한다는 점이다.

이와 같은 품질에 대한 다양한 접근방법은 나름의 유용성을 지니고 있다. 이러한 품질에 대한 관점은 전통산업인 제조업을 기반으로 출발한 것으로, 서비스산업에의 적용은 다소 무리가 있을 수 있다. 상품 내지 제품의 불량품 비율 개선, 공정 개선을 위한 비용효익 가치 판단, 단위시스템 투입과 산출효과 분석, 서비스 프로세스 설계 등등 상황에 따라 품질에 대한 개념해석이 달라질 수밖에 없다. 종합적으로 볼 때, 품질의 개념은 "고객의 필요를 충족시키는 것Meeting the Need of Customers"을 중심 개념으로 하고 있다.

02. 품질의 구성요소

품질은 품질 특성에 의해 인식된다. 품질 특성이란, "용도의 적합성을 기술적인 용어로 표현한 것으로 성능, 순도, 강도, 치수, 공차, 외관, 불량률, 수율 등과 같은 것"이다(Juran, J. M., 1979). 가빈(Garvin, 1987)에 의하면, 품질이란 특정제품이 그 기능을 수행할 수 있는 능력을 말하는 것으로, 품질의 구성요소로 다음의 8가지 요소를 들고 있다.

① 성능Performance : 특정제품 또는 서비스가 정해진 디자인 요건과 작동 요건을 충족시키는 정도(제품의 기본 특성)

② 특징Features : 2차적인 특성으로 혜택을 제공하는 보조적인 기능

③ 신뢰성Reliability : 일반적으로 시초 고장까지의 평균시간, 고장 간의 평균시간 및 단위기간 동안의 고장률 등으로 측정된다.

④ 내구성Durability : 제품의 수명과 견고성

⑤ 서비스 유용성Serviceability : 제공되는 서비스의 속도, 고객우대, 적합성 및 고장 시 수선 용이성

⑥ 심미성Aesthetics : 주로 제품의 감각적 가치로 외관, 형태, 디자인, 질감, 색채 등을 포괄

⑦ 명성Reputation : 기업명 또는 상표명에 의한 인기도

⑧ 적합성Conformance : 설계 내지 표준과의 일치 정도

종합정리학습 및 토의과제

❶ 용어에 대한 이해

- 품질
- 품질특성
- 선험적 기반
- 속성기반
- 사용자기반
- 제조기반
- 가치기반
- 적합성
- 유용성

종합정리학습 및 토의과제

❷ 토의과제

• 품질이란 무엇이며 그 절대적인 기준이 있는가, 아니면 상대적 기준만이 존재하는가?

• Garvin(1884, 1988)의 품질인식에 대해 설명하시오.

• 품질을 구성하는 요소에는 무엇이 있는가?

CHAPTER 05

서비스품질의 개념과 품질구분

01. 서비스품질의 정의

서비스품질에 대한 정의는 서비스 특성과 품질인식에 있어서 다각적인 접근이 가능하므로 이에 대해 다양한 정의가 있으며, 대표적인 서비스품질 연구자들의 정의들을 다음과 같이 소개한다.

서비스품질은 소비자의 지각된 서비스와 기대서비스의 비교평가의 결과이며, 이는 고객의 기대, 기술적 품질, 기능적 품질, 이미지와 같은 제 변수와 함수관계가 있다(Grönroos, 1984).

서비스품질이란, 값이 비싸거나 높은 수준의 혜택을 의미하는 것이 결코 아니며, 고객 자신에게 맞는 수준의 서비스를 제공하고, 적시적기에 고객의 요구조건을 갖추는 것이다(Pittle, 1984).

기계적 품질과 인간적 품질을 구별하고 전자는 사물이나 사건의 객관적인 면이나 특징을 포함하는 것이며, 후자는 객체에 대한 사람의 주관적인 반응을 포함한다. 서비스품질의 정의에 있어서는 객관적인 품질을 고려하되, 이와 다른 실체에 대해 소비자가 판단한 보편적 우월성, 즉 지각된 품질의 개념이 사용되어야 한다. 지각된 서비스품질을 "전반적인 제품 우월성과 관련된 상대적으로 포괄적인 가치판단"으로 정의한다(Holbrook et al., 1985).

서비스품질이란, 주어진 고객의 필요, 욕망을 만족시키기 위한 능력과 관계되는 제품과 서비스의 특성 및 특징의 총체이다(Garvin, 1988). 소비자들이 인식한 서비스품질은 서비스기업이 제공해야 한다고 느끼는 고객들의 기대와 서비스를 제공한 기업의 성과에 대한 고객들의 인식을 비교하는 데서 나오는 것이다(PZB, 1985).

서비스품질은 서비스기업이 제공하는 물적 · 인적 시스템으로서, 전사적 서비스에 대해 소비자의 지각과 기대 서비스의 차이가 갖는 정도와 방향을 나타내는 것으로 설명한다(PZB, 1988).

서비스품질은 서비스의 우월함과 관련한 전반적인 판단 혹은 태도이다(PZB, 1988 이후).

서비스품질은 제공된 서비스 수준이 고객의 기대를 얼마나 잘 만족시키는지를 측정하는 것으로, 고객의 기대를 일치시키는 것을 의미한다. 서비스품질은 "인지된 서비스가 고객의 기대와 얼마나 일치하는가의 척도"이다(Lewis & Booms, 1983).

서비스품질을 "조직과 서비스의 상대적 열등감이나 우월감에 대한 소비자의 전반적인 인상"으로 정의한다(Bitner, Booms, 1994).

서비스품질을 "특정 서비스에 대한 장기적이며 전체적인 평가를 의미하는 태도"로 정의한다(Cronin, Tayler, 1992).

서비스품질 향상이 기업의 경쟁 우위의 주요한 결정 요인으로 등장함에 따라, 서비스품질에 대한 정의와 품질 구성에 대한 다수의 연구가 이루어졌다. 서비스품질은 실질적인 서비스품질과 인지된 서비스품질로 구분되며, 많은 연구의 주요 관심은 실제 서비스품질 자체보다는 고객의 품질에 대한 평가인 인지된 서비스품질에 중점이 두어졌다(Arora and Stoner, 1996).

Parasuraman et al.(1988)은 "고객에 의해 인지된 서비스품질은 고객의 기대 및 또는 서비스 제공자에게 요구된 희망과 실제적으로 받은 서비스에 대한 고객의 인식과의 비교의 결과(Service Quality as Perceived by Customers is a Result of a Comparison Between Customer Expectations and / or Desires Addressed to the Service Provider and the Customer's Perception of the Actual Service Received)이다."라고 서비스품질을 정의하였다.

이상에서 살펴 본 바와 같이, 서비스품질의 개념은 고객만족의 개념과 밀접한 관계가 있다. 일반적으로, 서비스품질은 고객요구에 대한 서비스의 합치, 기대된 고객의 수요를 충족하는 제품 혹은 서비스활동 등으로 정의할 수 있다.

서비스품질에 대한 2가지 주요한 개념 정의 형식 중에서, 첫 번째 것은 기존 서비스품질 관련 개념을 준용하는 방법이며, 다른 하나는 이에 대한 새로운 차원의 접근을 시도하는 방법이다. 후자는 Cronin and Taylor's(1994)의 SERVPERF(성과만의 측정) 모형이며, 전자는 불확실성을 기반으로 하고 있다. 기대는 E-commerce 환경 하에서 비교기준으로서 덜 중요한 것으로 보이며, 고객은 경험 - 기반 범주를 사용하는 것으로 나타난다(Santos, 2003).

Yang and Jun's(2002)의 연구에서, 대부분의 고객들은 온라인상의 서비스에서는 어떠한 기대를 가졌는지에 대한 명확한 개념을 갖지 못한 경향이 있는 것으로 분석되었다.

서비스품질은 사용자의 인식에 의하여 결정된다. 서비스 속성의 집합이 사용자를 만족시키는 정도를 서비스품질이라 할 수 있다. 이를 기대에 대한 인식의 일치라 하며, 그래서 품질은 2가지로 구성된다. 첫째, 사용자가 요구하는 서비스의 속성이 특정서비스에 정의되어 있고, 또 그것에 부합하는 정도, 둘째, 이러한 속성에 대한 요구수준이 성취되어 사용자에게 인식되는 정도 등으로 설명한다.

제조업과 달리 서비스업은 고객과의 접촉으로 제품인 서비스가 생산된다. 서비스 소비자는 제공 중에 품질을 인지하며, 고객과의 접촉은 제품인 서비스의 품질을 결정하는 중요한 요인으로 작용한다. 서비스업체의 제품은 생산과정에 고객이 직접적으로 참여하여 품질에 영향을 주면서 생산과정 중에 품질을 인지하고 결정하므로, 서비스품질 관리는 제조업품질 관리보다 다른 영향요인과 결과요인을 보유한다. 서비스 품질은 서비스가 가진 무형성, 비분리성, 소멸성, 이질성 등과 같은 속성 때문에 측정과 관리, 통제가 어려우며, 또한 서비스의 탐색 속성과 경험 속성 때문에 의료서비스의 예처럼 소비자에게 제공된 장기간 경과 후에 품질을 인지할 수도 있다.

그런데 서비스품질의 연구에 있어서는 고객의 욕구와 필요, 만족 개념이 내재한 사용자 중심의 정의를 바탕으로 한 서비스품질 개념이 가장 보편적인 방법으로 인식되고 있다.

02. 서비스품질의 구분

서비스품질은 고객의 주관적인 평가 속성인 고객의 지각을 중심으로 파악하며, 제품이나 서비스가 고객에게 제공하는 성과에 따라 구분한다. 제품이나 서비스가 제공하는 성과의 최종적인 핵심기능을 도구적 성과로 이해하고, 고객의 심리적인 만족수준을 결정하는 제품 내지 서비스 속성의 크기를 표현적 성과로 인식하는 등, 대체적으로 서비스품질은 서비스의 최종적 결과로 얻고자 하는 그 무엇과 그것이 전달과정상에서 고객에게 인식되는 품질로 구분하거나, 여기에서 그 전달 환경적 요소를 포함하여 인식하게 된다.

1) 서비스품질 구분

연구자	서비스품질 구분		
Dotchin et. al.(1994)	도구적 성과	표현적 성과	
Karmarker(1993)	성과품질	적합품질	의사소통품질
Lehtinen(1983, 1991)	물리적 품질	상호작용품질	이미지품질
Berry(1985)	결과품질	과정품질	
Grönroos(1984)	기술품질	기능품질	
Sasser et al.(1978)	명백한 서비스	암묵적 서비스	

2) 서비스품질 연구 흐름

서비스품실 향상이 기업의 경쟁우위의 주요한 결정요인으로 등장함에 따라 서비스품질에 대한 정의와 품질구성에 대한 다수의 연구가 이루어졌다. 서비스품질은 실질적인 서비스품질과 인지된 서비스품질로 구분되며, 많은 연구의 주요 관심은 실제 서비스품질 자체보다는 고객의 품질에 대한 평가인 인지된 서비스품질에 중점이 두어졌다(Arora and Stoner, 1996).

3) 서비스품질 구성 연구

연구자	서비스품질 구분	비 고
Grönroos(1984)	기술품질, 기능품질	
Berry(1985)	결과품질, 과정품질	
Lehtinen(1983, 1991)	물리적 품질, 상호작용 품질, 이미지품질	
Karmarker(1993)	성과품질, 적합품질, 의사소통품질	
Johnston et al.(1990)	접근, 심미, 관심, 가용, 배려, 청결, 편안, 몰입, 의사소통, 역량, 친절, 기능성, 친근성, 유연성, 고결, 신뢰, 대응, 안전	
Parasuraman et al.(1985)	유형성, 신뢰성, 대응성, 능력, 접근성, 예의, 커뮤니케이션, 신용도, 안전성, 고객의 이해	서브퀄(수정 전)
Parasuraman et al.(1998)	유형성, 신뢰성, 대응성, 확신성, 공감성	수정 서브퀄

03. 서비스품질의 특성

1) 기술적 품질Technical Quality과 기능적 품질Functional Quality

Grönroos, C.(1984)는 서비스품질 개념을 기술적 품질과 기능적 품질로 나누어 설명하였다. 제공된 서비스의 결과로 고객이 받게 되는 것에 의해 평가가 이루어지는 것이 기술적 품질이며, 이는 서비스 생산과정의 기술적 산출에 관한 것으로 서비스 자체의 본원적인 특징을 포함하는 품질로 고객의 주관적 평가가 개입되지 않은 개념이다. 이를 결과품질Outcome Quality이라고도 한다. 기능적 품질은 서비스가 어떻게 제공되는가에 의해서 평가되며, 서비스 이용과정에서 고객이 서비스 제공자와 상호작용하며 경험하고 인지하는 품질로 고객의 주관적인 평가가 개입된 품질개념이다. 이를 과정품질Process Quality이라고도 한다. Grönroos, C.는 기술적 품질이 최소한의 만족감을 줄 수 있을 경우, 고객의 서비스품질에 대한 지각은 대체적으로 기능적 품질에 의해 결정된다고 하였다. Grönroos, C.의 기술적 품질은 설계품질로, 기능적 품질은 사용품질 내지 전달과정 품질로 대응 가능하다.

2) 객관적 품질Objective Quality과 인식된 품질Perceived Quality

연구자에 따라 기술적 품질을 객관적 품질로, 기능적 품질을 인식된 품질로 표현하여 개념을 구분하기도 한다. Holbrook과 Corfman은 기계적 품질Mechanical Quality과 인간적 품질Humanistic Quality로 구별하고, 사물이나 사건의 객관적인 면이나 특징을 포함하는 것을 기계적 품질로, 대상에 대한 고객의 주관적인 반응을 포함하는 것을 인간적 품질로 구분하였다. 전술한 Garvin(1984)의 5가지 접근방식에서의 제품 중심적 접근과 제조자 중심적 접근은 객관적 품질과 관련하여 이해할 수 있으며, 사용자 중심 접근은 인식된 품질로 관계 지을 수 있다.

3) 설계품질(기술적 품질)과 제조품질 및 사용품질(기능적 품질)에 대한 비교

구 분	설계품질	제조품질	사용품질
개념정의	최적설계	적합품질 (설계품질에의 적합정도)	지각적 품질 (소비자의 요구조건)
책임분야	엔지니어링	제조, 검사	마케팅
품질표시	등급, 규격	관리한계, 불량률	사용 적합성
품질차이의 원인	의도적, 정책적 기술수준 경제성	확률적 우연원인, 이상원인	지각적(고객인지)
경제적 요소	가격, 제조원가	예방, 검사비용 불량품에 의한 손실	소비자의 비용대비 만족(효용)
과 제	시장상황과 생산의 조화, 표준화, 신뢰성 향상	경제성 기반 불량률 감소, 종업원의 동기유발	시장조사 결과의 반영 고객서비스

4) 서비스 상품별 품질 특성

구 분	기술적 품질(설계품질)	기능적 품질(과정품질)
공연 서비스	이용조건, 가격, 이용일자, 공연장 시설, 출연진, 제작사, 작품브랜드	공연시설의 편리성, 예약발권의 편리성, 공연내용의 만족도, 공연시설 운영의 합리성, 종사원의 친절성 및 전문성
금융 서비스	거래회사, 지점수 및 위치, 수익률, 수수료율	종사원의 친절성 및 전문성, 거래의 안전성, 거래의 편리성, 거래지원체계의 운영효율성

구 분	기술적 품질(설계품질)	기능적 품질(과정품질)
의료 서비스	의료기관 브랜드, 의사의 명성, 병원 위치 및 규모, 병원시설	의사 및 간호사의 친절성, 전문성, 입·퇴원 및 기타 수속의 편리성, 친절성, 의료처치의 신뢰성, 사후 지원체계의 만족성
항공 서비스	이용조건, 가격, 일정, 유효기간, 이용항공기 종류, 이용항공사, 마일리지 프로그램	예약·발권·탑승수속의 편리성, 친절성, 기내시설의 안락성, 기내서비스 수준의 다양성 및 만족도, 종사원의 친절성 및 전문성, 정시운항 및 안전운항, 사후 지원체계의 만족도

자료 : 윤문길 외, 2008, p.351.

종합정리학습 및 토의과제

❶ 용어에 대한 이해

- 서비스품질
- 서비스품질 구분
- 도구적 성과
- 표현적 성과
- 결과품질
- 과정품질
- 기술품질
- 기능품질
- 객관적 품질
- 인식된 품질

종합정리학습 및 토의과제

❷ 토의과제

- 서비스품질을 구분하는 기준은 무엇이며, 어떻게 서비스품질을 구분하는가?

- 서비스품질 특성을 구분하는 서비스품질 2요소, 3요소를 들고 설명하시오.

- 대표적인 서비스상품의 사례를 들고, 그 품질 특성을 설명할 수 있는가?

서비스품질 평가

서비스품질을 평가할 때 고객이 평가하는 것은 무엇인가? 고객은 서비스품질을 제공된 서비스의 기술적인 결과(결과품질), 서비스가 제공되는 과정(상호작용품질), 서비스가 제공되는 물리적인 환경 품질 등에 근거하여 서비스품질을 평가한다(Brandy & Cronin(2001); Grönroos(1984); Rust & Oliver(1994); Bitner(1993)).

그렌루스는 서비스가 제공하는 결과와 서비스 프로세스를 구분하고, 서비스 수행 결과인 기술적 품질은 제공된 서비스 결과로 고객이 받게 되는 것에 의해 평가가 행해지며, 서비스 프로세스인 기능적 품질은 서비스가 어떻게 제공되는가에 의해 평가된다(Grönroos, 1984). 그는 이 2가지 측면에 대한 고객의 기대와 실제 결과에 대한 지각의 수준이 궁극적으로 서비스품질을 결정한다고 하였으며, 또한 기술적 품질이 최소한의 만족감을 줄 경우, 고객의 서비스품질에 대한 지각은 대체로 기능적 서비스품질에 의해 결정된다고 주장하였다.

그러면, 이러한 서비스품질의 구분된 요소에 대해 고객의 평가가 어떠한지 하는 평가 측정을 위해서는 고객의 지각을 측정하는 도구의 개발이 필요하게 된다. 서비스품질을 구성하는 품질 속성의 차원에 대한 추출이 선행되어야 하며, 이는 고객이 품질평가 시에 사용하는 준거들이 된다. 이에 대한 작업은 서비스의 특성은 물론, 서비스산업 내의 업종과 환경, 지역, 연구자, 연구방법에 따라 다양한 접근이 가능하며 학계의 연구가 활발하다.

01. 서비스품질 차원 연구

표 6.1 연구자별 서비스품질 구분

연구자	서비스품질 구분	비 고
Johnston et al.(1995)	접근, 심미, 관심, 가용, 배려, 청결, 편안, 몰입, 의사소통, 역량, 친절, 기능성, 친근, 유연성, 고결, 신뢰, 대응, 안전	18개 차원
Johnston et al.(1990)	접근가능성, 커뮤니케이션, 능력, 신뢰성, 반응성, 안전성, 예절, 외형성/심미성, 가용성, 친절성, 안락성, 청결성	10개 차원
Grönroos(1990)	전문성/능숙성, 접근가능성/유연성, 신뢰성/진실성, 태도/행동, 평판/신용, 서비스회복	6개 차원
Parasuraman et al.(1998)	유형성, 신뢰성, 대응성, 확신성, 공감성	수정 서브퀄
Parasuraman et al.(1985)	유형성, 신뢰성, 대응성, 능력, 접근성, 예의, 커뮤니케이션, 신용도, 안전성, 고객의 이해	서브퀄(수정 전)

PZB(1985)는 서비스 결과와 프로세스에서 나타난 다양한 품질속성을 신뢰성, 대응성, 능력, 접근성, 예의, 커뮤니케이션, 진실성, 안전, 이해, 유형성 등 10가지 품질속성 차원을 제시하고, SERVQUAL 모형을 제안하였다. PZB(1988)는 서비스품질을 형성하는 근본적인 요인으로 서비스품질의 선행 변수인 10가지 품질차원을 5가지로 정리하여 수정된 SERVQUAL을 다음과 같이 제안하였다.

① 신뢰성Reliability : 약속한 서비스를 정확히 수행하는 능력 = 약속대로 제공
② 응답성Responsiveness : 고객을 돕고 즉각적으로 서비스를 제공하려는 의지 = 도우려는 의지
③ 확신성Assurance : 직원의 지식, 정중함, 믿음과 확신을 주는 능력 = 믿음과 확신 심어주기
④ 공감성Empathy : 보살핌, 고객에게 주어지는 개별적 관심 = 고객을 개인으로 대하기
⑤ 유형성Tangible : 물리적 시설의 외양, 장비, 인력, 서류 = 서비스를 물리적으로 표현

상기 SERVQUAL을 항공사 여객운송서비스에 적용하여, 고객이 서비스품질의 5가지 차원을 판단하는 예시를 하면, 다음과 같이 할 수 있다.

표 6.2 서비스품질 차원(SERVQUAL)

신뢰성	일정에 따라 목적지로 출발과 도착
응답성	발매, 탑승, 수하물 처리에 대한 신속하고 빠른 대응
확신성	신인도, 탁월한 안전기록, 유능한 승무원
공감성	고객의 특별한 요구에 대한 이해, 고객욕구의 예측
유형성	항공기, 발매소, 수하물지역, 유니폼

02. 서비스품질의 인식

서비스품질은 객관적 품질 내지 기술적 품질 요소와 인식된 품질 내지 기능적 품질 요소로 구성되어 있으며, 이의 종합이 총체적 품질이 된다. 소비자들이 인식한 서비스품질은 서비스기업이 제공해야 한다고 느끼는 소비자의 기대Expectation와 서비스를 제공한 기업의 성과Performance에 대한 소비자의 인식을 비교하는 데에서 나온다고 한다(Parasuraman, A. et al., 1985). 소비자는 서비스 기대와 서비스 인식을 비교함으로써 서비스품질을 인식하며, 이러한 서비스 기대와 서비스 인식 간의 불일치의 정도와 방향으로 서비스품질을 인식하게 된다. 이와 같은 서비스 기대와 서비스 성과는 서비스품질 측정을 위한 SERVQUAL 모형과 서비스품질 관리를 위한 서비스품질 GAP 모형의 기초개념으로 사용되고 있다.

1) 기대와 인식 모형Grönoos, 1982 모형

고객이 평가하게 되는 서비스품질 다시 말하면, 서비스가 좋은가 혹은 그렇지 않은가를 판단하는 데 있어서 기준이 되는 것은 무엇인가? 이에 대한 분석은 그렌루스의 1982년 〈기대와 인식 모형〉이 기반이 되고 있다. 고객이 서비스품질 평가에 있어서 사전에 전통적인 마케팅 환경에서 특정의 서비스 주체가 제공하리라고 기대하는 서비스품질 수준이 있을 것이며, 그 특정의 서비스 시스템에서 기술적, 기능적인 서비스 제공에 의해 인식(지각)한 서비스품질 수준이 있을 것이다. 고객은 기대된 서비스 보다 지각된 서비스 수준을 비교하여 만족, 보통, 불만족 하는 품질 인식에 이르게 된다. 이러한 기대와 인식 모형이 현재까지 서비스품질 평가 개념의 바탕이 되고 있다.

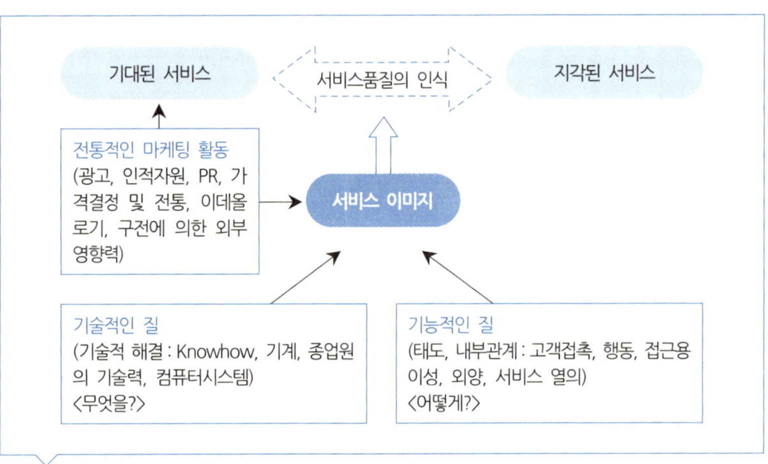

그림 6.1 기대와 인식모형

2) 서비스 기대 모형

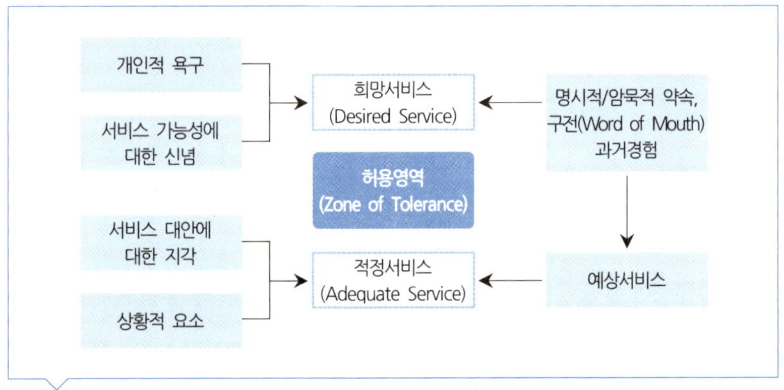

자료 : Zeithaml, Valarie A., Leonard L. Berry, and A. Parasuraman, 1993.

그림 6.2 서비스에 대한 고객기대에 영향을 미치는 요소

고객의 기대는 어떤 서비스 성과Service Performance에 대해서 소비자가 가지고 있는 사전적 신념Pretrial Belief으로서 서비스 성과를 실제적으로 평가하는 표준Standard이나 준거Reference가 된다. 고객의 기대를 구성하는 요소에는 희망서비스Desired Service, 적정서비스Adequate Service, 예상서비스Predicted Service가 있고, 희망서비스 수준과 적정서비스 수준 사이에 존재하는 허용영역Zone of Tolerance이 있다(Zeithaml et al., 1996).

(1) 희망서비스Desired Service

고객이 제공받을 서비스에 대한 희망 수준으로 바램Wants과 기대Hopes를 말한다. 희망서비스는 고객이 자신의 욕구와 관련하여 서비스기업이 제공하기를 바라는 수준으로, 소비자가 기원하는Wished for 수준의 최고조인 이상적 서비스Ideal Service 수준에 근접하는 서비스 수준을 말한다.

(2) 적정서비스Adequate Service

고객이 불만 없이 받아들일 만한 서비스 수준으로, 최소한의 허용 가능한 기대수준 또는 수용할 수 있는 최하위 수준의 서비스 성과를 말한다. 그림 6.3에서 볼 수 있는 바와 같이, 서비스 수행에 영향을 미치는 환경요소와 일반적으로 소비자에게 제공될 것으로 예상할 수 있는 서비스 수준 등은 적정서비스에 대한 기대 수준을 결정하는 요인이 된다. 서비스 제공자의 명시적이고 암묵적인 약속과 구전Word of Mouth, 서비스 제공자에 대한 과거경험 등으로 희망서비스와 적정서비스 수준이 형성된다.

(3) 허용영역Zone of Tolerance

허용영역이란, 희망서비스 수준과 적정서비스 수준 사이의 영역이다. 일반적으로 고객이 용인할 수 있는 서비스 수용영역으로 이 영역을 벗어나면, 고객은 긍정적 또는 부정적인 반응을 나타내게 된다. 서비스 수준이 희망서비스 수준을 초과하게 되면 고객이 대단히 만족할 것이며, 적정서비스 수준을 미달할 때에는 불만족하게 될 것이다. 허용영역의 범위는 고객마다 경쟁도나 가격 수준 및 서비스 속성의 중요도에 따라 증가하거나 감소하게 되며, 일반적으로 중요한 특성에 대한 허용영역은 덜 중요한 특성에 대한 허용영역의 폭보다도 좁아지게 된다. 이러한 속성들은 적정서비스 수준을 높이거나 낮추는 데에 영향을 주며, 희망서비스 수준은 고객의 경험이 누적되면서 서서히 증가하게 되는 경향이 있다(Lovelock, C. et al., 2002).

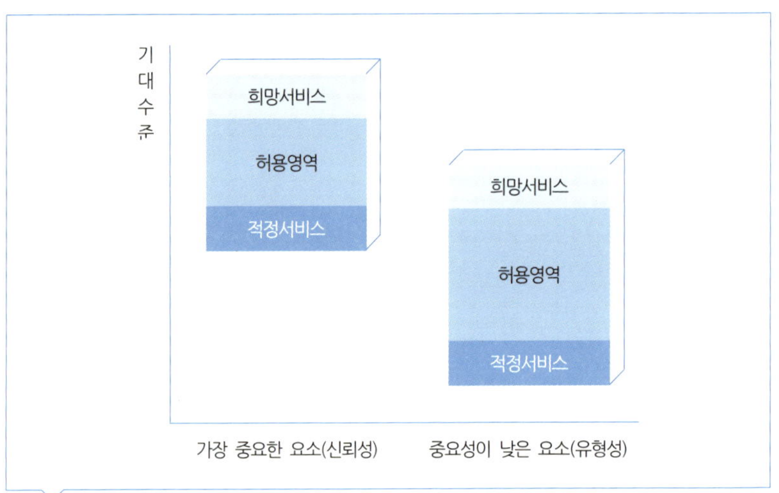

그림 6.3 서비스 차원에 따른 허용영역

3) 서비스 기대의 영향요인

고객 서비스에 대한 기대는 전술한 바와 같이 3가지 서로 다른 유형인 희망서비스, 적정서비스, 허용영역으로 구분된다. 이러한 서비스 기대 수준에 영향을 미치는 요인은 무엇인가? 서비스 기대 영향요인들을 통제할 수 있다면 서비스시스템 운영관리에 크게 기여할 것은 자명하다. 서비스 기대에 영향을 주는 요인에 대해 Kurtz et al.(1998)은 고객의 내적 요인과 외적 요인, 기업 요인, 상황적 요인으로 구분하였다. 소비자 내적 요인으로는 개인적 욕구, 관여도, 과거의 경험을 들었으며, 외적 요인으로는 경쟁적 대안들, 사회적 상황, 구전을 언급하였다. 기업 요인으로는 촉진, 가격, 유통, 서비스 직원, 유형적 단서, 기업 이미지 등이며, 이러한 내적 요인과 외적 요인, 기업 요인에 각각 영향을 주는 상황적 요인으로 소비자의 기분, 날씨, 시간적 제약 등을 들었다.

03. 서비스품질의 측정

서비스품질이 기업의 경쟁우위를 결정하는 중요한 요인으로 등장함에 따라 이에 대한 측정과 향상에 많은 관심을 갖게 되었다. 서비스품질은 전술한 바와 같이 실제적인 서비스품질과 인지된 서비스품질로 구분된다. 서비스품질 측정을 위해 우선 서비스품질이 어떻게 구성되었는가 하는 서비스품질 차원에 대한 결정이 필요하다. 연구자와 연구대상, 연구목적에 따라 품질차원에 대한 접근이 다양하나, Garvin(1984)은 8개 품질요소를 제시하였고, Parasuraman et al.(1985)의 서비스품질에 대한 개념적 모델인 SERVQUAL에서 다항목인 10개 품질요소를 제시하였다. 이후 수정 모형에서는 5개 항목으로 조정하여 사용하고 있다.

서비스품질 평가차원 모델을 살펴보기로 한다. 서비스품질 평가를 위해 고객이 사용하는 공통적이고 일반적인 준거들은 다음과 같다.

1) 가빈 모형Garvin Model, 1984

Garvin(1984)은 제공자뿐만 아니라 소비자의 관점을 동시에 고려하여 품질을 구성하는 8가지 차원을 제시하였다. Garvin은 품질에 대한 정의가 특정조직이나 그 조직

표 6.3 품질 속성 모형

속 성	내 용
성 과	제품이 가지고 있는 운영적인 특징
특 징	특정의 제품이 가지고 있는 경쟁적 차별성
신뢰성	잘못되거나 실패할 가능성의 정도
적합성	고객들의 세분화된 요구를 충족시킬 수 있는 능력
지속성	제품이 고객에게 지속적으로 가치를 제공할 수 있는 기간
서비스 제공능력	기업이 고객을 통하여 가질 수 있는 경쟁력으로 속도, 친절, 경쟁력, 문제해결 능력
심미성	사용자 감각에 소구할 수 있는 내용
인지된 품질	기업 혹은 브랜드의 명성

자료 : Garvin, 1984.

내 특정 활동 및 기능에 따라, 그리고 관련 집단의 성숙도 및 경험의 정도에 따라 달라야 한다고 보았다.

2) 서브퀼 모형SERVQUAL : Parasuraman et al., 1985

고객들의 기대와 인지 간의 차이를 활용하여 서비스품질을 규명하려고 한 연구는 Parasuraman et al.(1985)에 의해 제시되었다. 그들은 다양한 직종에 대한 설문과 면접 조사를 통하여 10개 서비스품질 속성에 대한 고객들의 품질 수준을 측정하는 측정 모형을 제시하였다. 실증연구를 통한 서비스품질 속성 10개는 다음과 같다.

표 6.4 서비스품질의 속성(수정 전 모형)

속 성	개 념	세부 요소
신뢰성(Reliability)	약속한 서비스를 믿을 수 있고 정확하게 수행하는 능력	정확한 청구, 올바른 기록 유지, 지정된 시간에 서비스 수행
대응성(Responsiveness)	서비스 수행에 요구되는 열의와 준비성	서비스 실패의 즉각적인 복구, 서비스 적시성
능력(Competence)	서비스 수행에 요구되는 숙련과 지식의 소유	고객접촉 및 지원자의 지식과 기술, 조사능력
접근성(Access)	서비스 제공자에 대한 접근, 접촉의 용이성	전화접근 용이성, 전화 대기시간, 편리한 영업시간, 편리한 위치
예의(Courtesy)	고객접촉 직원의 공손함, 존경심, 배려, 친절성	고객의 특성에 대한 배려, 접객원의 청결성, 말끔한 외모
의사소통(Communication)	고객이 이해할 수 있는 언어표현	서비스 자체, 비용수준, 서비스와 비용간의 관계, 고객의 문제해결 확신감
신용도(Credibility)	서비스 제공자의 신뢰, 믿음, 정직함	회사명, 회사명성, 종업원 개성, 끈질긴 설득노력
안전성(Security)	고객들의 위험, 의심으로부터의 자유	육체적, 재정적 안전성, 기밀 유지성
고객의 이해 (Understanding the Customer)	고객의 요구에 대한 이해 노력 정도	고객의 특정 욕구를 이해, 개별적인 주목의 정도, 단골고객 인식
유형성(Tangibles)	서비스의 물리적 증거	물리적 설비, 시설, 종업원 외모, 서비스 제공에 사용되는 도구 · 장비, 서비스에 대한 물적 표현, 서비스 이용 타 고객

자료 : Parasuraman et al., 1985.

Parasuraman et al.(1985)은 탐색적 연구를 통해 서비스품질에 대한 개념적 정의와 10개의 평가차원을 설정하고 서비스품질에 대한 고객의 인식을 측정하기 위한 도구 개발을 위해 정량적인 연구단계를 진행하였다.

연구대상 영역은 제품 유지보수, 은행, 장거리전화, 증권, 신용카드회사 등으로 하여 탐색연구에서 확인된 서비스품질의 10개 차원에 대한 97개 문항으로 표본조사를 실시하여, 통계분석 결과에 따라 상호관련성이 확인되어 후속연구에서 축약 개선하였다.

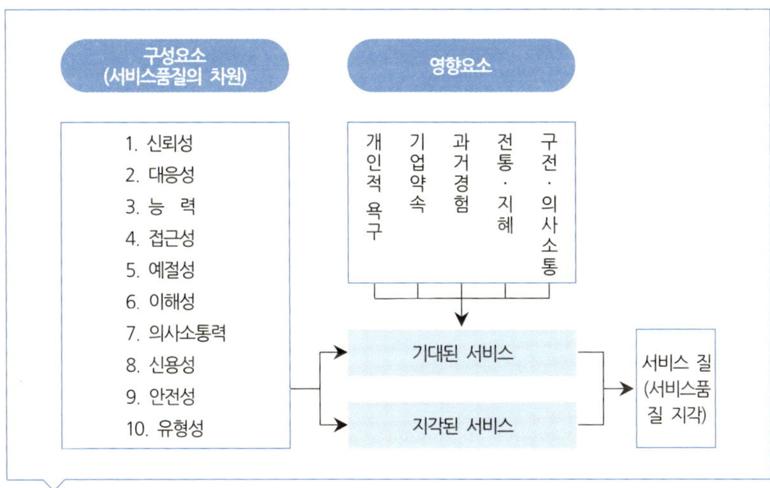

자료 : Parasuraman et al., 1985.

그림 6.4 서비스품질에 대한 고객의 평가

Parasuraman et al.(1985)은 반복적 자료수집과 분석과정을 통해 97개 문항의 측정도구 시안을 축약 개선하여 10개의 품질차원을 5개의 차원으로 하여 22개 문항을 설정하였다. 서비스품질의 10개 차원과 축약된 5개 차원의 관계는 다음과 같다.

표 6.5 서비스품질의 10개 차원 및 SERVQUAL 5개 차원

서비스품질 평가 10차원	SERVQUAL 5차원	SERVQUAL 5차원의 정의
신뢰성	신뢰성((Reliability)	약속한 서비스를 믿을 수 있고 정확하게 수행하는 능력
유형성	유형성(Tangibles)	서비스의 물리적 증거
대응성	대응성(Responsiveness)	고객을 돕고 신속한 서비스를 제공하려는 준비와 태세
능 력	확신성(Assurance)	종업원의 지식과 예절, 신뢰와 자신감을 전달하는 역량
예 절		
신용도		
안전성		
접근성	공감성(Empathy)	서비스 제공회사가 고객에게 제공하는 개별적인 배려와 관심
의사소통		
고객의 이해		

이러한 5개의 품질차원에 대해 고객의 기대한 서비스와 고객이 지각한 서비스를 측정하는 22개 설문 문항으로 구성된 서비스품질 측정도구인 SERVQUAL을 개발하였다. 수정된 구조는 그림 6.5와 같다.

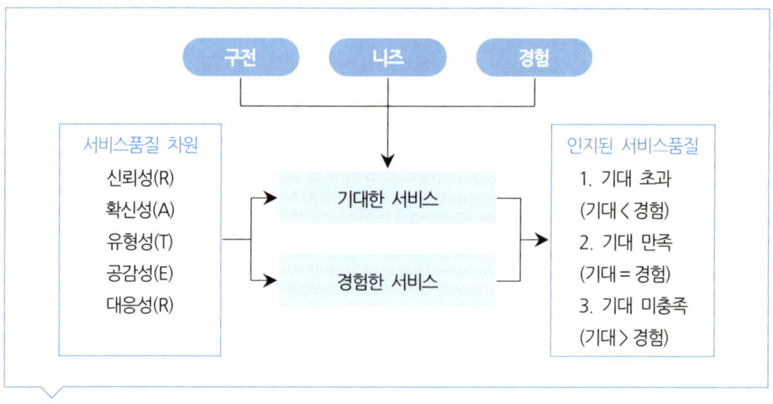

자료 : Parasuraman et al., 1988.

그림 6.5 인지된 서비스품질

그림 6.5에서와 같이 고객은 5가지 차원을 기준으로 기대한 서비스와 경험하여 인지된 서비스를 비교하여 서비스품질을 판단한다. 기대한 서비스와 인지된 서비스 사이의 차이는 긍정적인 만족이나 부정적인 불만족 수준의 서비스품질의 척도가 된다.

종합정리학습 및 토의과제

❶ 용어에 대한 이해

- 품질차원
- 품질인식
- 기대된 서비스
- 지각된 서비스(인식된 서비스)
- 희망서비스
- 허용영역(Zone of Tolerance)
- 적정서비스
- 신뢰성
- 확신성
- 유형성
- 공감성
- 대응성

종합정리학습 및 토의과제

❷ 토의과제

• 서비스품질 차원이란 무엇이며, 이는 서비스 업종에 따라 다르게 적용되는가?

• 서비스품질을 고객은 어떻게 인식하게 되는가?

• 서비스품질 측정결과가 객관성 · 타당성을 가지려면, 무엇이 필요하며, 어떻게 해야 하는가?

서비스품질 평가모형

서비스품질에 대한 평가는 서비스품질에 대한 정의와 서비스 환경에 따라 다양한 방법으로 평가되고 측정될 수 있다. 서비스품질은 결국 고객들로부터 인식된 가치이기는 하나 서비스의 물리적 · 환경적 요인도 고객이 기대하는 서비스 수준에 직 · 간접적인 영향을 주기 때문에 서비스 설계단계에서부터 고객에게 전달되어 인식되는 전체단계에 대해 평가되어야 한다.

서비스의 특성상 기술적 품질은 서비스시스템의 설계단계에서 계획된 규격이나 요구수준과의 적합정도로 평가하는 것이 무난한 반면, 고객과의 상호작용 과정과 분리하기 어려운 서비스 기능적 품질 내지 서비스 과정 품질은 소비자의 주관적 판단이 개입되지 않을 수 없다. 전자는 설계조건과의 부합성 정도에 대한 기술적 판단으로 비교적 평가가 용이하지만, 후자에 대한 평가는 간단하지 않다.

본고에서는 서비스에 대한 기능적 평가를 중심으로 고찰한다. 이에 대한 평가 모형으로 고객의 사용 태도와 과정 중심인 SERVQUAL 모형, 성과중심적인 SERVPERF 모형, 서비스창출과 전달과정 간의 GAP 모형을 살펴보고, 여타 모형들을 알아보기로 한다.

01. 서비스품질평가 대표적 모형

1) 서브퀄 모형SERVQUAL

Parasuraman et al.(1988, 1991)은 1985년 이래 실시해 온 서비스품질 속성과 차원에 대한 연구를 지속했다. 고객의 기대와 인지 간의 차이를 측정하는 품질 평가방법에 대해 제품 유지보수, 은행, 장거리전화, 증권거래 및 신용카드 분야의 서비스산업에 대한 실증조사와 분석을 토대로 SERVQUAL 모형을 제시하고 보완해 왔다. SERVQUAL은 서비스품질 측정을 위해 10개 차원의 품질속성으로부터 축소 · 정리한 5개 차원 품질속성의 측정항목 각각에 대해 4~5개 항목으로 기대된 수준(E)과 지각된 수준(P)을 측정하는 설문문항 각각 22문항(E1-E22, P1-P22)으로 구성되었다.

표 7.1 SERVQUAL 모형

차 원	문 항
유형성(Tangibles)	1. 현대적 시설 2. 설비의 외관 3. 종사원들의 깔끔하고 단정함 4. 서비스와 관련된 제반자료(팸플릿, 설명서 등)의 외형
신뢰성(Reliability)	5. 서비스 약속시간 준수 6. 고객이 문제에 봉착했을 때 성심성의를 다 보임 7. 첫 번에 제대로 서비스를 수행함 8. 약속한 시간에 서비스를 제공함 9. 작은 실수조차 없는 완벽함
반응성(Responsiveness)	10. 서비스제공 시간의 정확한 약속 11. 종사원들의 신속한 서비스제공 준비 12. 종사원들의 언제나 행동하는 고객지원 태세 13. 아무리 바빠도 고객의 요청에 응하는 종사원
보장성(Assurance)	14. 고객에게 확신을 주는 종사원들의 행동 15. 고객에게 주는 거래의 안정성 16. 항상 고객에게 친절한 종사원 17. 고객의 어떤 문의에도 대답 가능한 종사원
공감성(Empathy)	18. 고객 개인에 대한 관심 19. 고객에게 편리하게 시간대를 조절 20. 고객에게 개인적인 관심을 보이는 종사원 21. 고객에게 최대한의 이익을 주려는 노력 22. 고객욕구에 대한 종사원들의 이해

자료 : Parasuraman A, Zeithaml V. A., & Berry L. L. Delivering quality service(Free Press, New York, 1990), 181-183.

고객은 각 문항에 동의하는 정도를 7점 리케르트 척도Likert scale로 표시하도록 하였다. 설문 항목들은 서비스품질 속성 5개, 즉 유형성, 신뢰성, 대응성, 확신성, 공감성에서 기대된 수준(E)에 대한 항목과 지각된 수준(P)에 대한 설문 항목들로 구성되어 있으며, 이 중에서 유형성 측정 관련한 예시는 다음과 같다.

(1) 유형성 측정문항

① 기대된 수준(E1-E4)

- E1 : OOO서비스를 제공하는 회사는 최신의 장비를 갖추어야 한다.
- E2 : OOO서비스를 제공하는 회사의 시설은 보기에 좋아야 한다.
- E3 : OOO서비스를 제공하는 회사는 직원의 복장이 단정해야 한다.
- E4 : OOO서비스를 제공하는 회사는 물리적 시설의 외관이 서비스 형태와 일치해야 한다.

② 지각된 수준(P1-P4)

- P1 : XXX회사는 최신의 장비를 갖추고 있다.
- P2 : XXX회사의 물적 시설은 시각적으로 마음에 든다.
- P3 : XXX회사의 직원은 복장이 단정하다.
- P4 : XXX회사의 물적 시설의 외관은 제공된 서비스 형태와 일치한다.

상기 설문 문항 중 기대된 서비스 수준(E1-E4)에 대한 것은 서비스산업의 일반적인 기업들을 염두에 두고 기대하는 정도를 측정하도록 되어 있으며, 지각된 서비스 수준(P1-P4)에 대한 것은 평가대상이 되는 특정기업을 두고 측정하도록 되어 있다. SERVQUAL 모형에 의한 서비스품질 평가는 먼저 22개 항목에 대해 각각 고객이 시각하는 서비스 수준(P)과 기대하는 서비스 수준(E)을 측정하고, 그 차이점수(Q)를 산출하는 과정을 거쳐 수행된다. Q = (P-E) 값이 클수록 서비스품질은 높음을 나타낸다.

SQ = PS − ES

- SQ = 서비스품질

- PS = 지각된 서비스품질
- ES = 기대된 서비스품질

- ES 〉 PS이면 SQ는 만족스럽지 못한 수준
- ES = PS이면 SQ는 만족스러운 수준
- ES 〈 PS이면 SQ는 이상적인 수준

SERVQUAL은 다양한 고객의 서비스접점에서 활용할 수 있도록 설계되고 검증되었다. 이의 가장 중요한 기능은 정기적인 고객조사를 통하여 서비스품질 추이를 추적하는 것이다. 이를 활용하여 경쟁업체와의 서비스품질의 강점과 문제점을 확인하는 데에 유용한 모형이다.

그런데 동 모형은 서비스품질 측정에 많은 기여에도 불구하고 다소 간의 제한점이 있어 실무활용에서 유의가 필요하다. 이 모형은 서비스품질 차원의 중요성에 대한 고려가 부족하며, 기대된 서비스와 인지된 서비스에 대한 질문 항목을 조사 대상자가 구분하기가 어려워 오류가 발생할 수 있다.

참고자료

SERVQUAL Model

The initial questionnaire as described in the paper : “SERVQUAL : A Multiple-Item Scale for Measuring Consumer Perceptions of Service Quality” by A. Parasuraman, Valarie A. Zeithaml and Leonard L. Berry (Journal of Retailing, Volume 64, Number 1, Spring 1988) mentions 22 questions ‘for assessing customer perceptions of service quality in service and retailing organizations’, which are to be rated using a Likert scale (a seven-point scale ranging from “Strongly Agree”(7) to “Strongly Disagree”(1) with no verbal labels for the intermediate scale points.

The standard 22 questions(which are to be presented in random order in the questionnaire!) are :

Q1. ABC has up-to-date equipment.
Q2. ABC's physical facilities are visually appealing.
Q3. ABC's employees are well dressed and appear neat.
Q4. The appearance of the physical facilities of ABC is in keeping with the type of services provided.
Q5. When ABC promises to do something by a certain time, it does so.
Q6. When you have problems, ABC is sympathetic and reassuring.
Q7. ABC is dependable.
Q8. ABC provides its services at the time it promises to do so.
Q9. ABC keeps its records accurately.
Q10. ABC does not tell customers exactly when services will be performed. (−)
Q11. You do not receive prompt service from ABC's employees. (−)
Q12. Employees of ABC are not always willing to help customers. (−)
Q13. Employees of ABC are too busy to respond to customer requests promptly. (−)
Q14. You can trust employees of ABC.
Q15. You feel safe in your transactions with ABC's employees.
Q16. Employees of ABC are polite.
Q17. Employees get adequate support from ABC to do their jobs well.
Q18. ABC does not give you personal attention. (−)
Q19. Employees of ABC do not give you personal attention. (−)
Q20. Employees of ABC do not know what your needs are. (−)
Q21. ABC does not have your best interest at heart. (−)
Q22. ABC does not have operating hours convenient to all customers. (−)

The methodology was originally based around 5 key dimensions :

Tangibles. Appearance of physical facilities, equipment, personnel, and communication materials.

Reliability. Ability to perform the promised service dependably and accurately.

Responsiveness. Willingness to help customers and provide prompt service.

Assurance. Knowledge and courtesy of employees and their ability to convey trust and confidence.

Empathy. The firm provides care and individualized attention to its customers.

This has been adapted later by some to cover :

Tangibles. Appearance of physical facilities, equipment, personnel, and communication materials.

Reliability. Ability to perform the promised service dependably and accurately.

Responsiveness. Willingness to help customers and provide prompt service.

Competence. Possession of required skill and knowledge to perform service.

Courtesy. Politeness, respect, consideration and friendliness of contact personnel.

Credibility. Trustworthiness, believability, honesty of the service provider.

Feel secure. Freedom from danger, risk, or doubt.

Access. Approachable and easy of contact.

Communication. Listens to its customers and acknowledges their comments.

Keeps customers informed. In a language which they can understand.

Understanding the customer. Making the effort to know customers and their needs.

1. USAGE OF SERVQUAL. APPLICATIONS

SERVQUAL is widely used within **service industries** to understand the perceptions of target customers regarding their service needs. And to provide a measurement of the service quality of the organization.

SERVQUAL may also be applied **internally** to understand employees' perceptions of service quality. With the objective of achieving service improvement.

2. STEPS IN SERVQUAL. PROCESS

The method essentially involves conducting a sample survey of customers so that their perceived service needs are understood. And for measuring their perceptions of service quality for the organization in question.

Customers are asked to answer numerous questions with in each dimension that determines :

The relative importance of each attribute.

A measurement of performance expectations that would relate to an "excellent" company.

A measurement of performance for the company in question.

This provides an assessment of the gap between desired and actual performance, together with a ranking of the importance of service criteria. This allows an organization to focus its resources. To maximize service quality whilst costs are controlled.

3. STRENGTHS OF SERVQUAL. BENEFITS

Most users would agree that a comprehensive and thorough examination of service needs and service quality provides an invaluable approach to improving service quality. SERVQUAL provides detailed information about :

Customer perceptions of service (a benchmark established by your own customers)

Performance levels as perceived by customers

Customer comments and suggestions

Impressions from employees with respect to customers expectations and satisfaction

4. LIMITATIONS OF SERVQUAL. DISADVANTAGES

There have been a number of studies that doubt the validity of the 5 dimensions. And of the uniform applicability of the method for all service sectors. According to an analysis by Thomas P. Van Dyke, Victor R. Prybutok, and Leon A. Kappelman, it appears that the use of difference scores in calculating SERVQUAL contributes to problems with the reliability, discriminant validity, convergent validity, and predictive validity of the measurement. These findings suggest that caution should be exercised in the use of SERVQUAL scores and that further work is needed in the development of measures for assessing the quality of information services.

5. ASSUMPTIONS OF SERVQUAL. CONDITIONS

The results of market surveys are accurate. The validity of the model is based around the results of empirical studies. A number of academics have since performed further empirical studies that appear to contradict some of the original findings. Customer needs can be documented and captured, and they remain stable during the whole process.

Book :

Zeithaml Parasuraman Berry-Delivering Quality Service : Balancing Customer Perceptions and Expectations.-Journal : Parasuraman, Berry, and Zeithaml(1988)-SERVQUAL : A multiple-item scale for measuring customer perceptions of service quality-Journal of retailing 64(1) Spring. 12-40-Journal : Parasuraman, Berry, and Zeithaml(1991)-Refinement and reassessment of the SERVQUAL scale-Journal of retailing 67(4) Winter. 420-450.

Journal : Parasuraman, Zeithaml, and Berry(1985)-A conceptual model of service quality and its implications for future research-Journal of marketing 49(4) Fall. 41-50.

Journal : Parasuraman, Zeithaml, and Berry(1994)-Alternative scales for measuring service quality : A comparative assessment based on psychometric and diagnostic criteria-Journal of marketing 70(3) Fall. 201-230.

자료 : SERVQUAL Center

2) 서브펍 모형SERVPERF

이 모형은 기본적으로 SERVQUAL 모형에서 제안된 서비스품질 속성 및 측정항목과 동일한 서비스품질 측정 개념이다. 차이점은 측정방법에 있어서 SERVQUAL이 지각된 수준(P)과 기대된 수준(E)의 차이를 사용하는 데에 비해, 이는 지각된 서비스 수준(P)만을 활용하는 것이 다르다고 할 수 있다.

Cronin, Jr., J. J. and Taylor(1992)는 은행, 해충방역, 세탁업, 패스트푸드 등의 서비스산업을 대상으로 각각 2개 기업씩 8개 기업을 대상으로 한 조사를 기반으로 SERVQUAL 모형에서 제안된 서비스품질 측정 개념의 타당성과 효과성을 분석하였다. 이 연구는 SERVQUAL의 22개 항목에 대한 서비스 지각수준(P)과 서비스 기대수준(E)과 함께 중요성(I) 항목을 추가하여 조사하였다. 또한 측정방법의 효과성 비교를 위해 특정(XXX) 기업의 서비스에 대한 전반적인 품질 수준을 별도로 측정하였다. 이들은 다음의 4가지 측정방법을 사용하여 정의한 품질 측정치를 활용하여 전반적인 품질 만족도에 대한 설명력을 비교하여 보았다.

- SERVQUAL 방법 : Q = P − E
- SERVPERF 방법 : Q = P
- 가중치를 사용한 SERVQUAL 방법 : Q = I × (P − E)
- 가중치를 사용한 SERVPERF 방법 : Q = I × P

고객이 평가하는 전반적인 서비스 만족도를 종속변수로 하고 각각의 방법에 의해 산출된 22개 서비스품질 측정치를 독립변수로 하는 다중회귀분석을 실시한 결과 방식(2), 즉 SERVPERF 방법에 의한 만족도 설명력이 가장 높은 것으로 나타났다. 개념적으로는 SERVQUAL에서 제안된 측정방식이 서비스품질 모형에서 정의된 내용과 일치하는 강점이 있으나, 고객이 평가하는 서비스품질 수준을 설명하는 능력이라는 측정의 효과성 측면에서는 SERVPERF 방법이 보다 적합할 수 있다는 것이다. 이는 결국 서비스품질이 서비스 성과를 나타낸다는 관계를 이용하여 서비스품질을 서비스의 성과로 측정할 수 있다는 것이다. 이미 서비스 기대와 경험이 서비스 이용에 반영되고 있으므로 서비스에 대한 기대를 별도로 측정할 필요가 없다는 논리이다.

동 연구에서 서비스품질 수준이 서비스에 대한 고객만족도에 영향을 주는 선행요소이며, 고객만족도는 서비스 구매의도에 주요영향 요소가 되고, 고객만족도가 서비스품질보다는 구매의도에 더 큰 영향을 준다는 분석결과도 첨언되었다.

3) 격차 모형

표적집단 면접에 의한 고객에 대한 탐색적 연구와 실증적 연구를 통하여 고객이 서비스품질 지각을 측정할 수 있는 도구인 SERVQUAL을 개발하며 Parasuraman et al.(1988)은 또 다른 단계의 연구로 서비스품질에 영향을 미치는 기업 내부요인들에 대한 연구에 착수하여 고객이 지각한 품질상의 문제점을 기업 내의 결점이나 격차Gap와 연결하는 개념적 모형을 개발하였다. 기업 내부의 관리자들의 서비스품질 구성요

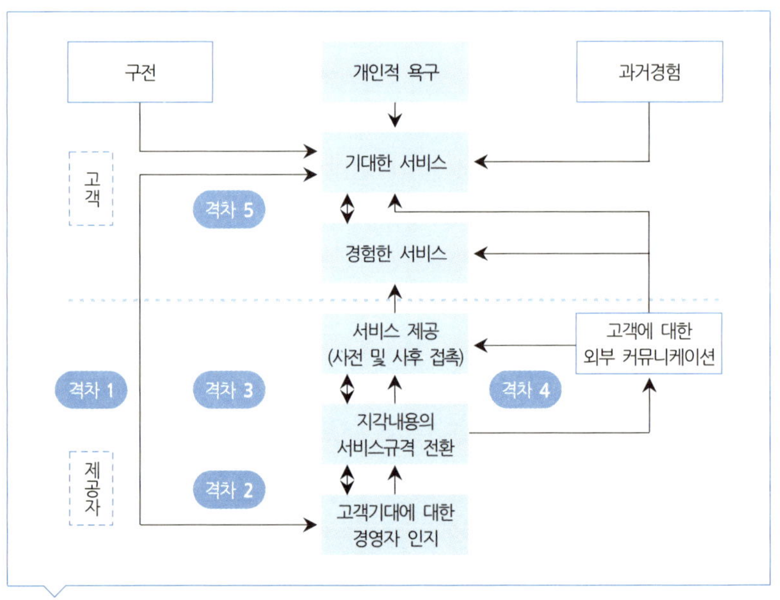

자료: Parasuraman et al., 1988.

그림 7.1 서비스품질 격차모형

소에 대한 인식과 그 결과 고객의 서비스품질 지각에 영향을 주는 기업 내부 핵심요인들로 서비스 수행과정에서 나타날 수 있는 4가지 격차들을 규명하였다.

그림 7.1은 서비스 제공자와 고객의 측면에서 서비스품질이 어떻게 형성되어 있고, 이 요인들 간의 연관관계에 대한 요약이다. 서비스기업이 서비스품질을 측정하고 개선하기 위해 사용할 수 있는 논리적인 과정을 포함하고 있다. 서비스품질은 〈격차 5〉에 의해 결정되며, 〈격차 5〉는 〈격차 1〉에서 〈격차 4〉에 의해서 결정된다.

(1) 서비스품질 갭5 Service Quality Gaps Model 개요

구 분	내 용	비 고
격차 1	고객들이 요구하고 기대하는 서비스 – 경영진의 고객의 기대에 대한 인식	고객기대와 경영자 지각의 차이 (경영자 인지격차 : The Knowledge Gap)
격차 2	경영자 인식의 품질명세화 – 경영진의 고객의 기대에 대한 인식	경영자 지각과 서비스품질 규격의 차이 (품질 명세화 격차 : The Standards Gap)
격차 3	서비스 전달 – 경영자 인지의 품질명세화	서비스품질 규격과 전달된 서비스 차이 (서비스 전달 격차 : The Delivery Gap)
격차 4	서비스 전달 – 고객에 대한 외적 커뮤니케이션	전달된 서비스와 알려진 서비스의 차이 (시장커뮤니케이션 격차 : The Communication Gap)
격차 5	기대한 서비스 – 경험한 서비스	경험한 서비스 격차(The Perceptions Gap)

고객들이 요구하고 기대하는 서비스와 이에 대한 경영진의 인식이 동일하다면 〈격차 1〉이 발생하지 않는다. 그러나 현실적으로 양자간에 괴리격차 : Gap가 발생하면 이에 서비스품질 문제가 발생할 여지가 생기게 되며, 이를 "경영자 인지격차"라고 부른다.

다음으로 경영진이 인식한 고객의 기대치를 기반으로 서비스 제공을 규격화 한다. 서비스 시스템은 경영진의 인식을 토대로 서비스 명세서를 작성하며, 양자간의 차이가 발생하면 이것이 〈격차 2〉가 된다. 이를 서비스 "품질 명세화 격차"라고 부른다.

다음으로 서비스품질 명세서를 토대로 고객에게 서비스를 수행하게 된다. 그런데 서비스품질 명세서와 이를 토대로 서비스 담당 직원이 실제 제공하는 서비스와 차이가 발생하면 이를 〈격차 3〉이라 한다. 서비스품질 규격과 전달된 서비스 차이이므로 이를 "서비스 전달 격차"라고 부르게 된다.

다음으로 서비스 시스템에서 대외적으로 수행한 외적 커뮤니케이션 내용과 실제 수행된 서비스와 차이가 발생하면 이를 〈격차 4〉라고 한다. 외부에 알려진 서비스와 실제 전달된 서비스와 차이를 "시장 커뮤니케이션 격차"라고 부른다.

다음으로 기대된 서비스와 인지된 서비스와의 차이가 발생하면 이를 〈격차 5〉라고 말한다. 이는 "경험한 서비스 격차"라고 하며, 이는 〈격차 1〉부터 〈격차 5〉까지 모든 격차의 합산이 될 수 있다.

(2) 서비스 격차 발생요인

격차	발생요인	내 용
격차 1	시장조사 지향성	정보수집을 통해 경영자가 고객의 욕구와 기대를 이해하기 위해 노력하는 정도
	상향커뮤니케이션	최고관리자가 조직원들로부터의 정보흐름을 촉진하며 알아보려고 하는 노력의 정도
	관리단계	최고위와 일선현장 간의 관리단계의 수
격차 2	서비스품질에 대한 관리자 관여도	경영층이 서비스품질을 핵심적인 전략목표로 보는 정도
	가능성 지각	관리자가 고객의 기대를 충족시킬 수 있다고 믿는 정도
	업무표준화	서비스 표준화에 활용할 수 있는 기술 정도
	목표설정	서비스품질 목표가 고객의 기준에 근거해 설정되어 있는 정도
격차 3	역할모호성	관리자나 상급자가 무엇을 원하며 그 기대를 어떻게 하면 충족시킬 수 있는가를 모르는 정도
	역할갈등	조직원들이 접하는 모든 사람들(내부 / 외부 고객)의 모든 욕구를 충족시킬 수는 없다고 느끼는 정도
	직원 – 직무조화	조직원들의 기술과 그들의 직무 간의 조화
	기술 – 직무조화	조직원이 직무수행 중 사용하는 장비와 기술의 조화
	감독통제체계	평가 및 보상체계의 적절성
	재량권 지각	조직원들이 서비스 제공 중 직면한 문제에 대해 융통성을 발휘할 수 있다고 지각하는 정도
	팀워크	조직원과 관리자의 공동목표를 위한 노력의 정도
격차 4	수평 커뮤니케이션	조직 내 타부서 간 및 부서 내 커뮤니케이션 정도
	과잉약속 경향	기업의 외적 커뮤니케이션이 실제 고객들이 받는 서비스를 정확히 반영하지 않는 정도

서비스 격차가 발생하게 되는 요인들은 다양하다. 경영자 인지격차(격차 1)가 발생하는 요인으로는 경영자가 시장의 요구를 이해하기 위한 노력의 정도에 따라 영향

을 받게 된다. 서비스 시스템 내부의 상향 커뮤니케이션 수준과 일선 서비스 현장 요원과 최고 경영자간의 관리 단계들도 격차1이 발생하게 되는 요인이 된다.

품질 명세화 격차(격차 2)는 서비스품질에 대한 경영층의 관심의 정도가 중요한 요소가 된다. 고객의 기대를 충족할 수 있다는 관리층의 믿음과 서비스 명세화에 대한 기술 수준, 서비스품질 목표 등의 영향을 받게 된다.

서비스 전달 격차(격차 3)는 서비스 시스템 내의 역할 모호성과 역할 갈등 문제에서 기인한다. 서비스 조직원의 역량과 사용 가능한 설비와 기술, 관리 통제 시스템, 현장 재량권과 팀워크 등의 다양한 요인이 있다.

시장 커뮤니케이션 격차(격차 4)는 서비스 시스템 내외의 커뮤니케이션 정도와 수준에 의해 발생하게 된다. 특히, 서비스 시스템이 외부에 고객이 받게 될 서비스를 정확하게 반영하지 못할 경우 이에 영향을 받는다.

경험한 서비스 격차(격차 5)는 지금까지 설명된 〈격차 1〉~〈격차 5〉 전체적인 격차의 종합적인 영향을 받게 된다.

(3) 서비스품질 격차 관리방안

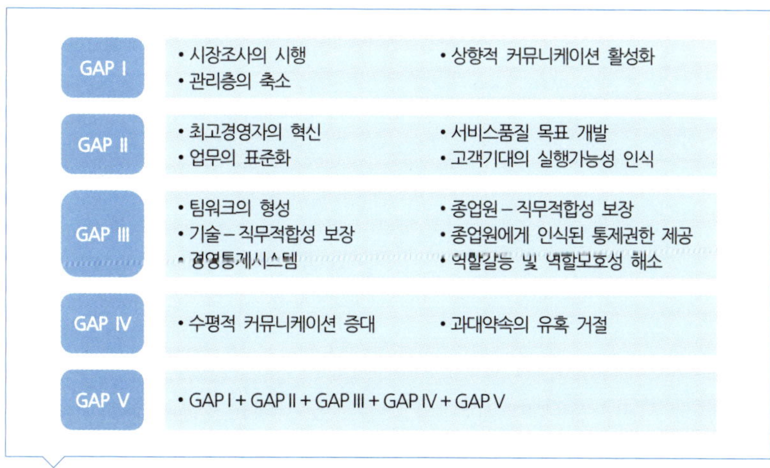

그림 7.2 서비스품질 격차 관리방안

서비스품질 격차를 관리하기 위한 방안으로는 그림 7.2와 같이 〈격차 1〉~〈격차 5〉에 이르기까지 각 격차의 발생 가능성을 줄이는 것이 관건이 된다. 그림 7.2는 각각의 격차 발생을 통제하는 전략으로 그 내용을 핵심적으로 간략히 언급하였다.

02. 서비스품질 평가모형도

다음에서는 서비스품질 평가 대표적인 모형도를 포함하여, 다양한 모형도를 제시한다. 서비스산업 성숙도나 서비스업태 등의 서비스 환경에 따라 다양한 평가모형이 개발되었다. 서비스품질 모형은 그 나름의 성과를 나타냈으나, 어느 정도의 제약이 있는 것 또한 부인할 수 없으며, 지속적인 실증적 연구가 필요하다.

1) 그렌루스 모형Grönroos, 1982

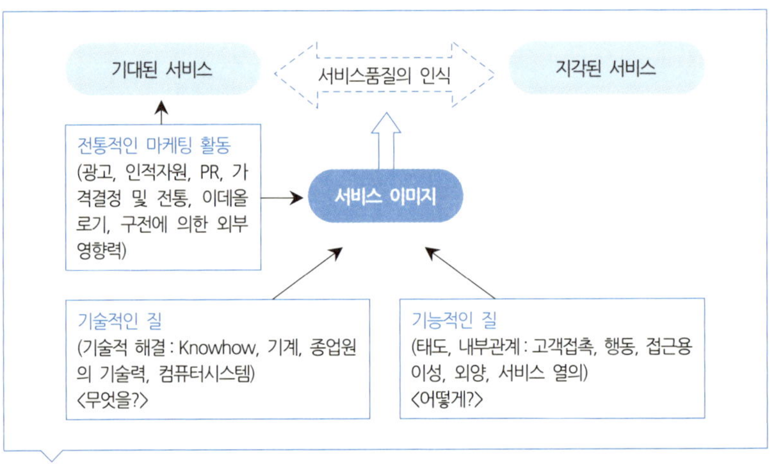

전술한 제6장 서비스품질의 인식에서 언급하였던 대표적인 품질 인식모형의 하나이다. 그렌루스는 서비스품질 인식에서 기대된 서비스와 지각된 서비스 개념을 제공하였으며, 서비스품질에서 서비스 결과물인 기술적 품질과 서비스 제공 형태인 기능적인 품질을 구분하는 개념을 제공하였다.

2) 초기 서브퀄 모형PZB : SERVQUAL, 1985(품질에 대한 고객의 평가 – 품질지각)

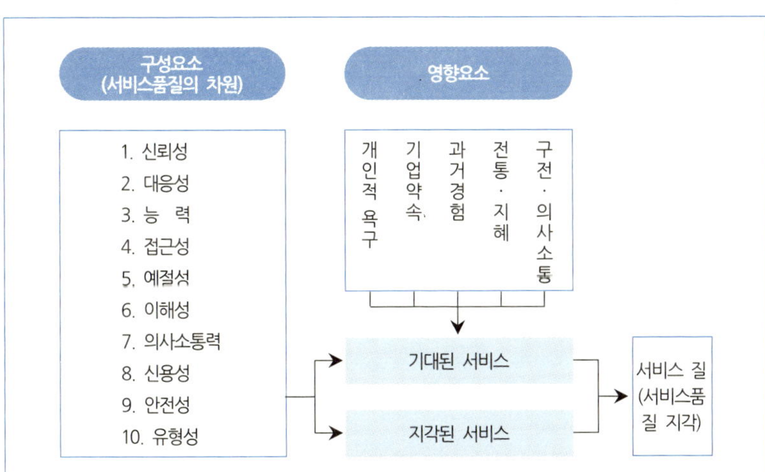

PZBParasuraman, A., Zeithaml, V. A., and Berry, L. L.는 그렌루스의 기대된 서비스와 지각된 서비스 개념을 기반으로 서비스품질을 측정하는 서비스품질 측정 모형SERVQUAL을 제안하였다. 그들은 서비스품질 차원을 신뢰성, 대응성, 능력, 접근성, 예절성, 이해성, 의사소통력, 신용성, 안전성, 유형성 등 10개로 구분하여, 모형을 완성하였다.

3) 수정 서브퀄 모형PZB : SERVQUAL, 1988(인지된 서비스품질 모형)

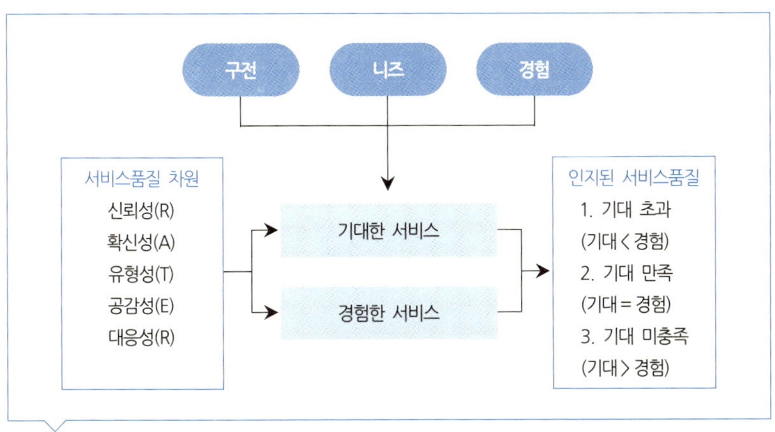

PZBParasuraman, A., Zeithaml, V. A., and Berry, L. L는 1885년 제안한 서비스품질 차원을 10개에서 5개 차원(신뢰성, 확신성, 유형성, 공감성, 대응성)으로 단순화한 SERVQUAL 모형을 제안하였다. PZB는 동 SERVQUAL을 활용하여 다양한 서비스 산업에서 서비스 품질을 측정하였다. 후속하여 동 모형은 서비스 산업에서 많은 연구자의 지지를 받고 있는 대표적인 서비스품질 측정 모형이 되고 있다.

4) 에드바르드산 모형Edvardsson, 1990

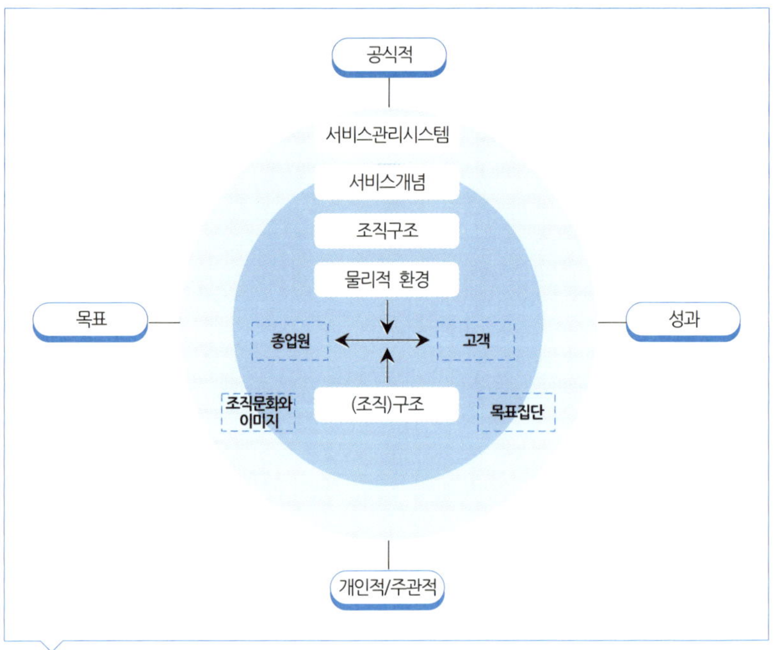

Edvardsson과 Gustavsson은 1990년 일관성 모형The Consistency Model을 제안하였다. 서비스관리시스템은 목표와 성과, 공식적인 것과 주관적인 것이 관계된다. 서비스관리시스템은 서비스 개념, 조직문화와 이미지, 목표집단을 고려해야 하며, 조직구조는 물리적 환경과(조직의)구조 종업원과 고객을 핵심으로 하고 있는 모형이다.

5) 크리스토퍼 모형Christopher, 1993

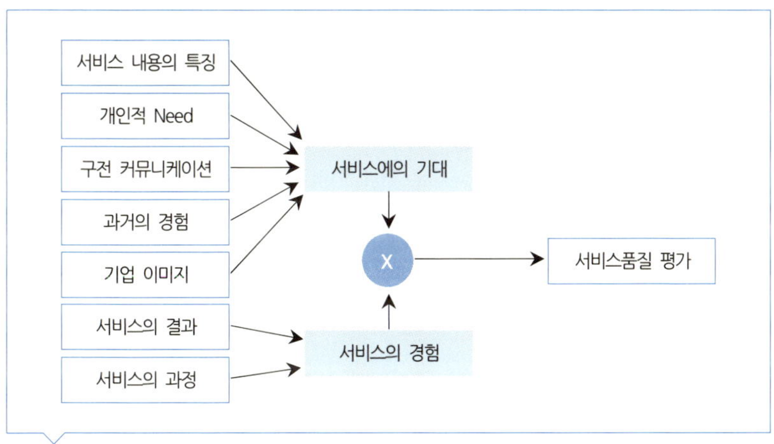

Christopher는 1993년 그렌루스의 기대된 서비스와 경험한 서비스 개념과 이에 영향을 주는 요인들을 토대로 서비스품질 측정 모형을 제안하였다. 서비스 내용의 특징, 개인적 욕구, 개인적 경험과 기업이미지 등이 고객의 서비스 기대에 대한 영향요인이며, 서비스 결과 및 서비스 과정이 서비스 경험에 영향을 주는 요인으로 분석하였다.

6) 러스트 · 올리버 모형Rust and Oliver, 1994 : 3요소 모형

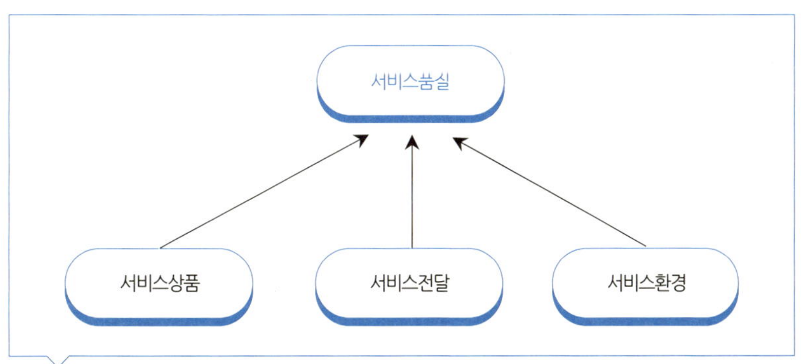

Rust and Oliver는 1994년 그간의 서비스품질 개념인 기술적 품질(결과품질)과 기능적 품질(과정품질) 등의 2차원 모형을 서비스 상품, 서비스 전달, 서비스 환경 등 3요소 모형으로 분석하는 모형을 제안하였다.

7) 하비 모형Harvey, 1998 : 통합격차모형

고객만족 격차 ←→ 기술적 품질 격차

	기대	인지	기술적 품질성과	기술적 품질 이상의 수준	
프로세스	고객이 기대한 것	고객이 서비스 결과 후 인지한 것	서비스 공급 시 실제적으로 획득한 기술적 능력	기 개발된 기술에 따라 당연히 획득되어야 하는 기술적 능력	프로세스
결과	고객이 기대한 것	고객이 서비스 결과 후 인지한 것	서비스 공급 시 실제적으로 획득한 기술적 능력	기 개발된 기술에 따라 당연히 획득되어야 하는 기술적 능력	결과

기술적 품질 이상의 수준
기술적 품질 이상적 수준

Harvey는 1998년 통합격차모형The Integrated Gap Model을 제안하였다. 고객만족에서 기대와 인지 간의 격차와 기술적 품질에서 기술적 품질의 성과와 이상적 수준간의 격차를 분석하였다. 또한 이러한 요소들에 대해 서비스 과정(프로세스)과 서비스 결과(성과)의 격차를 복합적으로 고려하는 통합격차모형을 제안하고 있다.

8) 브랜디 · 크로닌 모형Brandy and Cronin, 2001

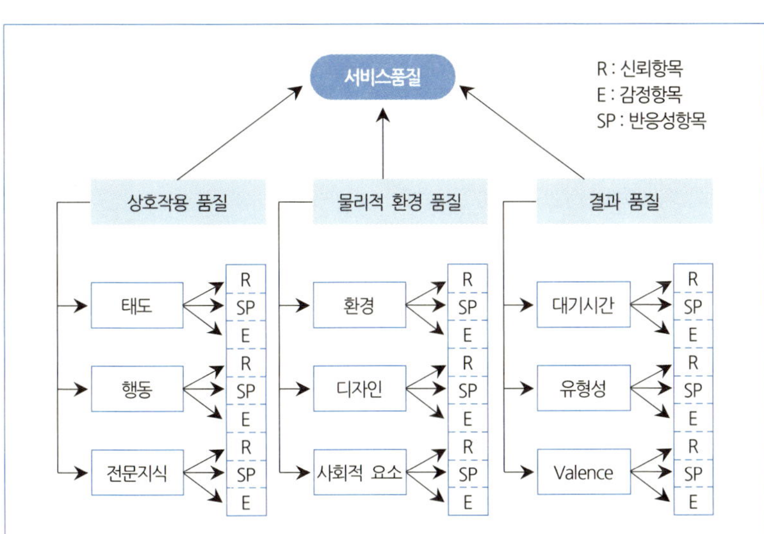

Brandy and Cronin은 2001년 복합수준모형The Multilevel Model : Brandy and Cronin을 제안하였다. 상호작용 품질에는 태도와 행동 및 전문지식이 영향요인이며, 물리적 환경품질에는 환경, 디자인, 사회적 요소가 영향요인이 되고 있으며, 결과 품질에는 대기시간, 유형성, 유발성Valence이 영향요인이 된다. 그리고 이러한 상호작용 품질과 물리적 환경품질 및 결과 품질은 서비스품질 영향요인으로 작용한다는 모형이다. 동 모형은 서비스품질 인식에서 상호작용품질(기능품질)과 결과품질 이외에 물리적 환경 품질을 고려하였다는 측면에서 기여한 모형이라고도 할 수 있다.

03. 서비스품질의 구분 및 평가모형의 한계

일반적으로 측정될 수 없는 것은 관리될 수 없다고 한다(Lovelock et al., 2007). 서비스품질에 대한 관리요소를 파악하기 위해서는 고객의 기대와 인식 간의 차이, 즉 서비스품질 격차를 측정하지 않고서는 서비스 상의 문제점이 존재하는지 개선점이 있는지를 알 수 없기 때문이다. 또한 서비스향상 프로그램을 수행한데 대한 목표달성 여부에 대한 판단은 품질의 정확한 측정이 필수적이다.

전술한 바와 같이 서비스품질을 구분하는데 있어서 결과 품질(기술적 품질)과 과정 품질(기능적 품질)로 구분하여 인식하고, 이를 평가하는 모형은 SERVQUAL 모형을 필두로 하여 대체적으로 과정 품질 내지 상호작용 품질을 측정하는 모형들이 주류를 이루었다. 그리고 Harvey(1998)나 Brandy et al.(2001)의 모형에서 보는 바와 같이 기능적 품질과 함께 기술적 품질을 평가하려는 시도들이 이루어지고 있다.

그런데 기능적 품질의 측정에 있어서는 SERVQUAL에서 제시한 요소들과 유사한 품질차원으로 가능한 것으로 보이나, 결과 품질에 관련해서는 서비스산업의 다양성이나 e-서비스의 등장에 의한 채널 복잡성 등의 환경적인 요소 문제로 품질 요소(차원)에 대한 연구가 더 필요한 것으로 판단된다.

서비스품질에 대한 고객-정의 기준이나 측정은 광의적으로 유연성과 고정성 차원의 2가지로 구분할 수 있다(Lovelock et al. 2007). 유연한 측정요소는 쉽게 관찰되기 어려우며 고객이나 종업원 및 제3자 등에게 질문을 통하여 수집될 수밖에 없다.

SERVQUAL이 동 유연한 측정시스템의 한 사례이다. "유연한 기준은 고객만족을 확보하기 위해 종업원에 대한 방향, 안내, 피드백을 제공하며, 고객의 인식과 믿음을 측정함으로써 계량화" 할 수 있다(Zeithaml, Bitner & Gremler, 2006). 반면에, 고정적 차원의 측정요소는 관찰을 통해 회수나 시간, 빈도나 양을 측정하는 방법으로 확보된 특성들이나 행위들을 말한다. 이는 콜센터의 전화 대기시간 대기비율, 로스트-콜 수나 비율 등과 서비스시스템의 대기자 수나 비율, 항공사 정시운항, 수하물 분실률, 서비스 불량률, 제공된 특정식의 온도, 병원수술 후 완치율, 정시배달 비율 등등의 측정 수치를 말한다.

통상적으로 이에 대해서는 회사나 동종업계의 표준과 대비하여 비율로 표시하여 관리한다. 서비스 수준 관리와 향상을 위해서는 SERVQUAL 차원 등과 같은 유연적 요소 외에 고정적 요소를 함께 관리해야 할 필요가 있음은 자명하다. 따라서 서비스 품질의 평가나 모형에 있어서 이와 같은 2가지 요소를 포함하는 모형개발이 필요하다.

종합정리학습 및 토의과제

❶ 용어에 대한 이해

- 품질모형
- 품질격차
- SERVQUAL
- SERVPERF

종합정리학습 및 토의과제

❷ 토의과제

- PZB(Parasuraman 등)이 개발한 SERVQUAL에서 1985년과 1988년 모형이 차이가 발생하였음을 알 수 있다. 그렇게 된 사유를 설명해 본다.

- 다양한 서비스품질 평가모형을 보고 느낀 점을 이야기한다.

- 서비스품질 구분을 이해하고, 대표적 품질모형의 한계성은 무엇인가?

서비스품질과 고객만족

전장에서 살펴본 바와 같이 품질에 대한 정의는 다양하며, 학자나 접근방법에 따라 품질에 대한 다양하게 표현하고 있다.

국제표준기구ISO : International Standard Organization에 의하면, "품질은 표현되었거나 내재되어 있는 욕구를 만족시키기 위한 제품, 혹은 서비스의 능력과 관련된 제품, 또는 서비스의 특성과 특징의 총체"로 정의하였다.

Garvin(1984)은 선험적 접근, 사용자 중심적 접근, 제품 중심적 접근, 제조 중심적 접근, 가치 중심적 접근 등으로 구분하여 정의하였다.

Lutz(1986)는 품질은 감정적 품질Emotional Quality과 지각된 품질Perceived Quality로 구분되며, 전자는 제품에 대한 전체적인 태도로서 지각된 품질을 의미하고, 후자는 하위단계의 단서와 결과적인 전체적 제품 평가를 매개하는 상위의 추론적 품질을 평가하는 경우를 뜻한다. 경험적 속성이 지배하는 서비스와 비내구성 소비재는 감정적 품질이 중시되며, 탐색적 속성이 강한 산업재나 내구성 소비재는 인지적 품질이 중요시된다고 보았다.

Zeithaml(1988)은 지각된 품질이라는 개념을 도입하여 제품에 대한 전반적인 우수성이나 우월성에 대한 고객의 판단으로 품질을 정의하였다.

서비스품질과 고객만족은 어떤 공통점과 차이점이 있으며, 어느 것이 선행하는 요소인가 하는 데에 있어서도 견해가 다양하나, 서비스품질은 고객만족에 영향을 주는 선행개념으로 인식하는 것이 보편적이다.

표 8.1 서비스품질과 고객만족

구 분	서비스품질	고객만족
정 의	서비스 제공시스템이나 그 제공되는 서비스의 상대적 우열성에 대한 전반적인 인상(PZB, 1988)	불일치된 기대와 사전적인 소비 경험에 대한 종합적인 감정 심리 상태(Oliver, 1981)
특 징	경험에 대한 객관적인 평가로 태도를 설명하는 하나의 변수	경험에 대한 주관적인 평가로 행동을 유발하는 태도
평가대상	서비스품질	서비스품질, 가격, 이미지
이론모형	SERVQUAL	기대-불일치 모형
실무적 함의	종합 CSI	전반적 만족도

기대-불일치 모형은 제품/서비스 성과에 대한 기대와 실제 성과에 대한 만족도와의 차이를 측정한다. 실제 성과가 기대치 이상이면 만족하고, 기대치에 미치지 못하면 불만족하게 된다는 개념이다. 서브퀄 모형은 서비스 기대(ES)를 먼저 측정하고, 서비스 경험(PS)을 측정하여 측정된 기대와 성과 간의 차이를 분석한다. 경험한 서비스(PS)가 기대한 서비스(ES)와 일치하면 만족하고, 경험한 서비스(PS)가 기대한 서비스(ES)보다 부족하면 불만족하며, 경험한 서비스(PS)가 기대한 서비스(ES)보다 더 크면 기뻐하는Delighted 것으로 분석한다.

서비스품질과 고객만족과의 관계에서는 통상적으로 다음의 다이어그램에서 보는 바와 같이 고객이 서비스품질을 인식하여, 만족 또는 불만족을 경험하게 되며, 이에

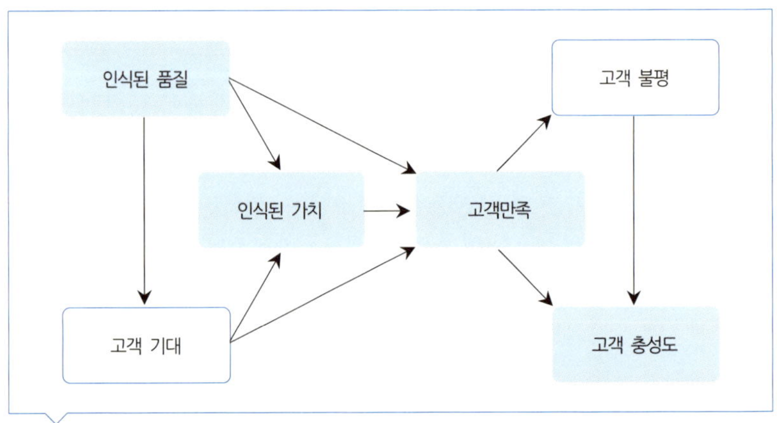

그림 8.1 서비스품질과 고객만족 및 고객충성도 관계

따라 서비스 성공 및 서비스 실패를 가름하게 된다. 이에 따라 고객은 재구매 여부를 결정하게 되며, 서비스 실패의 경우도 적절한 대처에 따라 재구매를 유발할 수 있는 충성고객화 할 수 있게 된다.

서비스품질관리는 서비스기업에 있어서 중요하다. 품질이 우수하면 고객유지와 신규고객 창출을 가능하게 하며, 이에 따라 서비스시스템의 이익을 제고할 수 있게 된다.

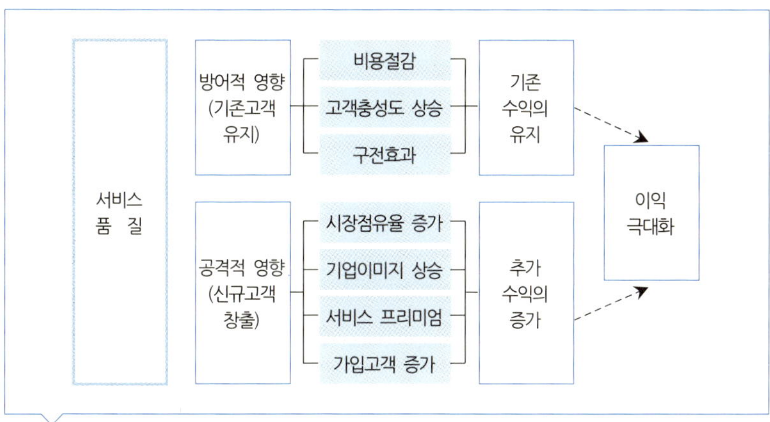

자료 : Harvard Business Review, 1994.

그림 8.2 서비스품질 관리의 중요성 – 서비스품질과 기업성과

종합정리학습 및 토의과제

❶ 용어에 대한 이해

- 서비스품질
- 고객만족
- 고객기대
- 고객충성도

종합정리학습 및 토의과제

❷ 토의과제

• 서비스품질과 고객만족의 성격에 대해 설명할 수 있는가?

• 고객만족은 서비스기업에서 중요한 요소이다. 고객만족의 한계성은 어디까지인가?

THEORY
OF
SERVICE

e-서비스

CHAPTER 09 e-서비스의 개념과 특성

CHAPTER 10 e-서비스의 형태와 혜택

CHAPTER 11 e-서비스의 영역과 연구동향

CHAPTER 12 e-서비스품질

THEORY
OF
SERVICE

e-서비스의 개념과 특성

최근 e-서비스는 인터넷의 확산으로 이와 함께 세상에서 인기를 얻게 되었으나, 이에 대한 이론이나 실제에 대해서는 아직 초보단계에 있다(Santos, 2003). 그러므로 e-서비스란, 용어 정의에 대한 공식적으로 인정된 것은 없다. 인터넷 마케팅이나 전자상거래e-Commerce에 대한 연구들에서 '가상적 사무실Virtual Office'로서의 웹사이트의 효율성을 향상시키거나 고객 가치를 부가하는 일반적인 웹사이트 형태에 대해 다양하게 표현하고 있다. '부가가치서비스Value-added Services', '전자적 고객관계특성e-CRM Features', '웹사이트 성능Website Functions', '인터넷 공물Internet Offerings', 'e-서비스e-Services' 등 다양하게 표현되고 있다. 이러한 용어들은 고객이 온라인상에서 가치를 창출 및 촉진하는 것에 공통적으로 초점을 두고 있다.

01. e-서비스 정의

e-서비스는 크게 2가지 분야에서 왕성한 연구가 이루어지고 있다. 하나는 서비스 마케팅 분야로부터의 연구(e.g. Hoffman, 2003)이며, 다른 하나는 전자상거래e-Commerce와 e-비즈니스 분야에서의 연구(e.g. Hofacker et al., 2007)가 그것이다. 이러한 분야의 구분 차이는 물론 중점과 관점의 차이에 따라 e-서비스에 대해 다양한 인식과 정의가 수행되었다.

Boyer et al.(2002)은 e-서비스는 "고도의 텔레커뮤니케이션, 정보, 그리고 멀티미디어 기술에 의해 인터넷 상에서 전달된 모든 양방향 서비스를 포함"한다고 정의하였다. 이들은 경영과 전략에 대한 차원에서 e-서비스를 연구하였으며, e-서비스의 전달 매체 내지 인프라에 집중한 정의로서 고객이 갖는 기대효익에 대한 관심이 결여된 한계성을 내재한 정의가 되고 있다. 이와 유사한 관점으로 e-서비스는 "전자적 네트워크를 통한 서비스 제공(Rust & Kannan, 2003)"이라 하거나, "전자적으로 전달될 수 있는 서비스(Javalgi et al., 2004)"로 파악한 것으로, 전달매체에 중점을 둔 정의이다.

Grönroos et al.(2000)은 웹사이트 e-서비스(회사의 인터넷 제공)는 "프로세스이며, 인터넷에 의해 중개된 결과물의 전달과 소비"라고 정의하였다. 이러한 프로세스의 기반은 e-서비스 제공자인 회사와 고객 사이에 쌍방향 중개자로서의 역할을 담당하는 회사의 웹사이트이다.

Zeithaml(2002)은 e-서비스는 "거래의 전과 중간과 이후에 나타나는 모든 대기와 접점All Cues and Encounters"이라고 파악하였다.

Rust & Lemon(2001)는 양자(e.g.구매자와 판매자) 간의 1차적 가치 교환Primary Value Exchange은 정보이므로 e-서비스는 정보서비스 또는 셀프-서비스라고 개념을 규정하였다. 인터넷은 정보의 교환을 허용하는 하나의 네트워크이다. 인터넷 환경에서는 고객의 욕구와 기대Wants and Needs가 한 방향이라면, 고도의 맞춤 정보가 다른 한 방향으로 양방향 정보서비스가 실현된다(Rust & Lemon, 2001).

Ghosh(2004)는 e-서비스를 상호적인 정보서비스Interactive Information Service로 개념을 정의하였다. 한편으로는 e-서비스 과정에서 고객에 대한 정보가 e-서비스 공급자에 의해 수집·분석되며, 이는 고객에 대한 맞춤 서비스의 기반으로 활용된다. 다른 한편으로는 고객을 위해 e-서비스 거래와 e-서비스 전달이 서비스 공급자와 함께 정보를 교환하는 과정을 통하여 수행된다(Ghosh et al., 2004).

Zeithaml et al.(2004)는 e-서비스는 인터넷을 통해 전달되는 웹서비스라고 정의하였다. e-서비스에서는 고객과 서비스 공급자와의 상호작용과 접촉은 웹사이트와 같은 기술을 통해 수행된다. e-서비스접점에서는 고객은 정보기술에 전적으로 의존해야만 한다(Zeithaml et al., 2000). 일반적으로 e-서비스는 고객에 의해 수행되고, 고객과 공급자 관계성을 강화하려는 목적으로 서비스 공급자에 의해 제공된 기술과 시스템에 의해 통합된, 상호작용, 내용 중심Content-centered 및 인터넷 기반의 고객서비스로 정의될 수 있다(Ruyter et al., 2001).

서비스의 전달매체가 전자적이라거나 정보의 양방향성에 중점을 둔 정의와 다른 관점으로 e-서비스를 생산하고, 전달하며, 그 결과 및 효익을 포함하는 정의가 있다. e-서비스는 "알고리즘으로 저장되고 전형적으로 네트워크 소프트웨어로 실행되는 프로세스를 통해서 고객에게 가치를 창출하고 효익을 제공하는 행위 또는 성과"이다(Hahn & Kauffman, 2002). 이러한 관점은 서비스가 생산되는 프로세스로 "소프트웨어에 의해 전달되는 저장된 알고리즘"과 서비스의 결과물인 "고객이 받은 바라는 효익"을 포함하는 정의로서 포괄적인 개념이 된다.

그런데 이러한 e-서비스 정의들은 전달매체를 인터넷이나 웹에 한정하는 정의로서 다양한 정보통신기술ICT에 의한 e-서비스를 포함하지 않는 한계가 있다. Rowley(2006)는 Hoffman과 Bateson에 의한 서비스 정의의 개념에 근거하여 e-서비스를 정의하고, 이를 모든 매체와 모든 종류의 상호작용을 포함하는 데까지 개념을 확장하였다. "e-서비스는 웹Web, 정보 키오스크Information Kiosks 및 모바일 디바이스Mobile Devices를 포함한 정보기술에 의해 그 전달이 중개된 행위들, 노력들 또는 성과들이다. e-tailing, 고객 지원 및 서비스, 그리고 서비스 전달 등 이 모두 e-서비스 속에 포함"된다(Rowley, 2006)라고 하는 개념과, "인터넷 기반 시스템 및 모바일 솔루션과 같은 ICT(정보통신기술) 네트워크 사용을 통해 생산, 제공 및 또는 소비되는 서비스(Scupola, 2008)"라는 정의가 e-서비스 개념을 포괄적으로 인식한 정의가 된다.

Lovelock et al.(2004)에 의하면, 서비스는 한 쪽이 다른 일방에게 제공하는 행위 또는 실행으로 수령자에게 또는 그를 대신하여 바람직한 변화를 야기함으로써 고객에게 가치를 창출하거나 편익을 제공하는 경제적 활동으로 파악하였다. 이러한 개념을 토대로 e-서비스를 정의하면, "e-서비스는 정보통신기술ICT을 매개로 하여 고객에게 가치를 창출하거나 편익을 제공하는 경제적 활동"이라고 할 수 있다.

e-서비스에 대한 정의는 관점과 입장에 따라 다양하여 개념 파악과 정리가 쉽지 않다. 그러므로 몇 가지 기준에 따라 구분하여 다음과 같이 재정리한다.

1) 전자상거래 구분기준을 차용한 e-서비스 정의 구분

Holsapple & Singh(2000)는 전자상거래e-Commerce를 다음의 5가지로 구분하였다.

① 거래적Transaction 관점 : 오프라인에서 거래되는 전달수단이 전자적 환경으로 변화되었다. 기존의 서비스에 전자적 전달을 의미하는 'e'를 추가한 것으로 보는 관점이다.
② 정보교환적Information Exchange 관점 : 정보 또는 콘텐츠의 효과적 전달과 유통 측면에서 e-서비스를 보는 관점이다.
③ 비즈니스활동 관점이다.
④ 효과Effect 관점 : e-서비스를 인터넷 상에서 제품판매와 관련된 대고객서비스 제공, 서비스 전달속도 증진 등과 같이 고객과의 관계증진 측면에서 보는 관점이다.
⑤ 가치사슬증진 관점 등등이다.

여기에서 언급한 구분기준을 차용하여, 강희일(2002)은 거래적 관점, 정보교환적 관

표 9.1 관점별 e-서비스의 정의

구 분	연구자	e-서비스 정의
거래적 관점	Ruyter et al.(2001)	양방향, 내용 중심의 인터넷기반 고객서비스 · 기존의 서비스를 전자적 수단을 이용하여 제공하는 서비스
	Boyer et al.(2002)	IT, 멀티미디어 기술을 기반으로 인터넷을 통해 전달되는 양방향 서비스
	Oliveira et al.(2002)	인터넷을 통해 제공되는 서비스
	Voss(2000)	새로운 미디어(웹)를 사용하여 제공하는 서비스
	Van Riel et al.(2001)	컴퓨터 혹은 휴대 정보기기(셀룰러폰) 등을 통해 제공되는 IT기반의 새로운 양방향 서비스
	이문규(2002)	인터넷을 통해 온라인으로 제공되는 서비스
정보교환적 관점	Rust et al.(2001)	인터넷을 통해 제품 / 서비스의 판매에 부차적으로 수반되는 서비스. 특히, 판매의 보조적 수단의 정보의 이전에 초점을 맞춤
효과 관점	Tayler et al.(2002)	고객관계관리(CRM)의 전략적 결과를 획득하기 위한 새로운 메커니즘. 고객과 기업의 관계 강화를 목적으로 IT기술과 조직의 고객 지원 프로세스를 통합

자료 : 강희일, 2002.

점, 효과 관점에서 e-서비스 정의를 표 9.1과 같이 구분하였다. 이러한 구분은 하나의 시사점을 주는 의미가 있으나, 인용된 논문의 수와 e-서비스 정의의 다양성을 고려할 때 한계점이 있는 것으로 인식된다. 전기한 바와 같이 e-서비스에 대한 연구는 전자상거래나 e-비즈니스분야 연구 이외에 서비스마케팅 분야에서의 연구도 있어 다양한 개념을 포괄하기가 어렵다. 다음으로 Scupola et al.(2009)은 e-서비스가 전달되는 전달 인프라와 이것이 생산되고 전달되며, 그 결과와 효익을 포괄하는 개념으로 구분하여 정리하였다.

2) 전달인프라 및 생산 – 전달 – 결과 관점으로 구분한 e–서비스 정의

Scupola et al.(2009)는 e-서비스의 전달매체와 전달 프로세스, 고객이 수령하는 결과물인 효익을 기준으로 구분하였으며 유용성이 있다. 그러나 이 또한 하나의 관점일 뿐 e-서비스 정의 전반을 일목요연하게 구분하는 기준이라고는 하기 어렵다. 그러

전달 및 인프라스트럭처 관점		생산, 전달 및 산출결과 관점	
Javalgi, Martin and Todd(2004)	전자적으로 전달될 수 있는 서비스	Piccinelli and Stammers(2001)	수입창출을 촉진하거나 새로운 효율 창출을 위한 인터넷을 경유로 가능해진 자산
Rust, 2001; Rust and Kannan (2003)	전자적 네트워크상의 서비스 일체	Hofacker et al. (2007)	알고리즘으로 저장되고 전형적으로 네트워크화한 소프트웨어에 의해 실행되는 프로세스를 통해 고객에게 효익을 창출하고 제공하는 행위 또는 성과
Boyer, Hallowell and Roth(2002)	고도의 텔레커뮤니케이션, 정보 및 멀티미디어 기술을 사용하여 인터넷 상에서 전달되는 쌍방향 서비스	Tiwana and Balasubramaniam (2001)	복합적인(종종 실시간) 처리가 가능하도록 한결같이 유통되며 특화된 사산에 의해 서비스 소구에 부응하기 위한 인터넷 기반의 어플리케이션
Rowley(2006)	e–서비스는 정보기술(웹, 정보 키오스크 및 모바일 디바이스를 포함한)에 의해 전달이 중개되는 행위, 노력 또는 실행이다. 이러한 e–서비스는 e–소매, 고객지원 및 서비스, 그리고 서비스 전달의 서비스적 요소를 포함한다.	Scupola(2008)	인터넷 기반 시스템 및 모바일 솔루션과 같은 ICT(정보통신기술)네트워크 사용을 통해 생산, 제공 및 또는 소비되는 서비스

자료 : Scupola et al., 2009.

므로 다음과 같이 e-서비스에 대한 주요 연구자의 정의를 열거하고 살펴볼 필요가 있다고 할 것이다. e-서비스 연구자의 정의와 함께 비고 항목에서 해당 정의가 어떤 관점과 중심에서 정의되었는지를 표시하였다.

3) 주요 연구자의 e-서비스 정의

연구자	정 의	비고(저자 구분)
Grönroos et al.(2000)	프로세스이며, 인터넷에 의해 중개된 결과물의 전달과 소비이다.	
Rust & Lemon(2001)	정보서비스 또는 셀프서비스	내용중심
van Riel et al.(2001)	컴퓨터 또는 휴대용 정보기기 등을 통해 제공되는 정보기술 기반의 새로운 양방향 서비스	전달매체 및 방향성
Zeithaml(2002)	거래의 전과 중간과 이후에 나타나는 모든 대기와 접점이다.	
Boyer et al.(2002)	고도의 텔레커뮤니케이션, 정보 및 멀티미디어 기술을 사용하여 인터넷 상에서 전달되는 상호작용적 서비스	전달매체 및 방향성
Heim(2002)	상품과 오프라인서비스 및 디지털 콘텐츠로 구성된 하나의 서비스 묶음	서비스패키지
Hahn & Kauffman(2002)	알고리즘으로 저장되고 전형적으로 네트워크 소프트웨어로 실행되는 프로세스를 통해 고객에게 가치를 창출하고 효익을 제공하는 행위 또는 성과이다.	생산프로세스 및 결과(효익)
Rust & Kannan(2003)	전자적 네트워크를 통한 서비스 제공	전달매체 중심
Voss(2003)	웹과 같은 새로운 매체를 이용한 서비스 전달	전달매체 중심
Ghosh(2004)	쌍방향의 정보서비스	방향성과 내용
Javalgi et al.(2004)	전자적으로 전달될 수 있는 서비스	전달매체 중심
Zeithaml et al.(2004)	인터넷을 통하여 전달되는 웹서비스	전달매체 중심
Rowley(2006)	e-서비스는 웹(web), 정보 키오스크(information kiosks) 및 모바일 디바이스(mobile devices)를 포함한 정보기술에 의해 그 전달이 중개된 행위들, 노력들 또는 성과들이다. e-tailing, 고객지원 및 서비스, 그리고 서비스전달 등이 모두 e-서비스 속에 포함된다.	전달매체
Hofacker et al.(2007)	알고리즘으로 저장되고 전형적으로 네트워크화한 소프트웨어에 의해 실행되는 프로세스를 통해 고객에게 효익을 창출하고 제공하는 행위 또는 성과	생산프로세스 및 결과(효익)
Scupola(2008)	인터넷기반 시스템 및 모바일 솔루션과 같은 ICT(정보통신기술) 네트워크 사용을 통해 생산, 제공 및 또는 소비되는 서비스	생산프로세스 및 결과(효익)
저자	e-서비스는 정보통신기술(ICT)을 매개로 하여 고객에게 가치를 창출하거나 편익을 제공하는 경제적 활동이다.	

02. e-서비스 특성

재화Goods와 상대적인 개념으로 서비스의 특성을 말할 때 전통적으로 인용되는 특성은 무형성Intangibility, 이질성Heterogeneity, 비분리성Inseparability of Production and Consumption, 비저장성Perishability으로 표현한다(ZPB, 1985). 그러나 e-서비스의 등장으로 특징되는 현대마케팅 환경 변화와 함께 이러한 특성들에 대한 해석이 달라지고 있다.

이러한 전통적인 재화와 서비스의 특성 구분이 명확하지 못하다는 견해가 대두되었으며(Lovelock et al., 2004), Lovelock et al.은 이의 구분에 관련하여 '소유권 비획득Non-ownership'을 제안하였다. 우리의 관심은 전통적인 서비스와 e-서비스가 특성상에 어떤 차이가 있는가의 문제이다(Hofacker et al., 2007).

1) e-비즈니스와 전통적인 서비스 및 e-서비스

(1) e-비즈니스

IT기술 발전은 기존의 산업과 유통구조에도 많은 영향을 주었으며 전혀 다른 새로운 형태의 비즈니스 모델을 창출할 수 있는 기반을 조성하였다. Weill, P. et al.(2001)

표 9.2 e-비즈니스 모델

구분(형태)	사업방법	제공내용	사례업체
콘텐츠 제공자	중개업체에 콘텐츠 제공	정보, 디지털상품 및 서비스	Reuters, British News Agency
고객 직판업체	고객 직판	상품, 서비스	델컴퓨터
종합서비스 제공자	자기도메인 또는 제휴업체 활용 통합서비스	금융, 의료, 공화학품	GE Supply
중개업자	공급과 구매 연결	정보	이베이
기반시설 공유자	IT기반 공유	기반활용 협력	Sabre(항공예약)
밸류 넷 통합자	Value Net 통합	정보수집 종합공급	7-Eleven Japan
가상커뮤니티	온라인커뮤니티 제공	관심사 상호교류	monster.com(직업 알선)
전체 기업단위체	단위사업체 통합접속 서비스	단위업체서비스 통합제공	미국연방정부

자료 : Weill, P. et al., 2001 저자 요약 재정리

은 8가지 형태의 e-비즈니스 모델을 제시하였다. 공급사슬 구조 프로세스 상에서 기업과 고객, 공급업체와 제휴업체들에 대해 상품과 정보 및 자금의 흐름의 관점에서 표 9.2와 같이 구분하였다.

이러한 e-비즈니스 모델들의 주요 수입의 원천은 거래 이용료, 정보나 서비스의 이용료 및 수수료, 광고, 게시료 등이다. 특히 e-비즈니스에 있어서는 누가 고객과의 관계를 가지고 있는지와 이에 대한 자료와 거래 내용을 보유하고 있는지가 관건이 되고 있다.

e-비즈니스에서 중요한 수단의 하나인 인터넷의 발달은 일반 전통적 산업은 물론 서비스산업에서 특히 새로운 기회를 제공하였다. 웹사이트는 조직이나 비즈니스 여건에 따라 다양한 목적으로 사용되고 있다.

표 9.3 웹사이트 활용용도

용도구분	내 용	오프라인 관련	사례업체
사업 주요수단	제품과 서비스 판매	오프라인 점포 없음	amazon.com, wine.com
사업 보조수단	제품과 서비스 판매보조	오프라인 점포 보조	barnes & noble, home depot
기술지원	판매 후 기술지원	질의응답	dell.com
기존서비스 향상	우편 → 웹		Harvard Business Review
주문처리	항공예약발권		항공사 웹
정보제공	자사정보(일반대상)		회사, 조직체 웹
회원과 소통	정보제공(회원대상)		회사, 조직체 웹
게임	게임과 오락		treeloot.com

자료 : Fitzsimmons, J. A. et al., 2001 활용 저자 재정리

2) 전통적 서비스 및 e-서비스

인터넷은 서비스 제공에 대한 새로운 모델의 출현을 가능하게 하였으며, 인터넷 접속서비스 제공사업, 포털, 정보콘텐츠, 온라인 소매, 거래중개 모델, 시간과 공간 제약을 초월한 시장창출 등의 방식으로 서비스모델을 확장하였다.

표 9.4 전통적 서비스 및 e–서비스 비교

구 분	전통적 서비스	e–서비스
서비스접점	직접 접촉	간접 접촉(컴퓨터 화면상)
운영시간	표준 영업시간	항시(24시간)
접속	점포 내	자택
시장영역	지역적	전세계적
환경	실체적 환경	전자적 인터페이스
경쟁력 차별화	개인화	편의성
개인보호	사회적 상호작용	익명

자료 : Fitzsimmons, J. A., et. al., 2001.

서비스의 상품차원에서 e-서비스는 전통적 서비스와 많은 공통점을 갖고 있다. 무형성을 공유한다. 온라인을 활용하여 제공되는 서비스 거래에서 재고를 파악하기 어렵다. 고객의 다양한 요구나 기대치, 셀프서비스 능력, 상호작용 의사, 인식 등은 e-서비스의 이질성의 원인이 된다. 공급과 소비의 동시성도 역시 e-서비스도 갖는 특성이다. 또한 전통적인 서비스나 e-서비스 모두 핵심요소와 부수적 요소로 구성되어 있다.

서비스의 프로세스 상에는 직접 고객과 접촉하는 서비스 현장Front-office 프로세스와 이를 지원하는 지원부서Back-office 프로세스로 구분된다. 서비스 프로세스는 고객과의 접촉과 상호작용 수준, 노동집약 수준 등에 따라 결정되며, 서비스 제공시 고객의 참여도를 포함한다. e-서비스는 고객과의 접촉, 고객화, 상호작용, 노동집약, 서비스 투입물, 기술 등이 운영의 차이를 구별하는데 활용되는 수준에 따라 다르다. e-서비스 제공은 온라인의 상호작용적 서비스 차원과 오프라인의 비상호적 서비스 차원으로 구성된다. 고객화는 e-서비스를 통한 상호작용 중에 일어날 수 있고, 고객과의 접촉이 없는 백오피스 프로세스를 통해서 일어날 수도 있다.

3) 전통적 서비스와 e–서비스 특성

(1) 무형성Intangibility 관련

대체로 대면환경에서 직접적으로 수행되는 서비스보다 e-서비스가 유형성이 더 낮은 것으로 생각하기 쉬우며, 전형적이고 순수한 e-서비스에서 무형성이 입증되기도 하였다(Laroche et al., 2004). 그러나 중요한 상징적인 요소가 가미된 항공사 항공권 예약이나 공연장의 티켓 등은 e-서비스의 유형성이 증가한 사례로 볼 수 있다. 특별한 전달 메커니즘(DVD, 키오스크, 모바일 디바이스, PC)과 전달양식(웹페이지, 이메일, 비디오, 텍스트메시지, 음성메뉴) 등은 유형성을 증가시키는 요소이다.

(2) 이질성Heterogeneity 관련

이질성은 서비스품질의 다양성과 특정서비스의 핵심적 요소를 대변하는 용어이다. 네트워크 소프트웨어 문제발생 시 이에 대응하는 방법은 여타 일반적인 서비스와 달리 e-서비스는 매우 동질성을 가지고 있다. 인간적인 실수가 개재될 위험이 훨씬 적기 때문이다. 생산과 관련하여 본다면, e-서비스는 전형적인 물리적 제품보다도 더욱 동질적이다. 따라서 e-서비스에서의 이질성에 관한 연구는 주로 소비자 참여에 의한 다양성의 영향 문제(Parasuraman, 2000)나 제품선호 경험에 대한 소비자의 이질성 문제(Villas-Boas, 2006) 등이 주요 관심사가 되고 있다.

(3) 비분리성Inseparability of Production and Consumption 관련

네트워크 소프트웨어에 있어서 '장소유통 : Place'는 가치요소가 아니므로(Kobrin, 2001), e-서비스는 생산과 소비의 물리적 분리에 매우 유동적이다. 음악(노래)을 제작하여 이를 웹상에서 판매한다면, 생산과 소비가 공간적 · 시간적으로 분리되는 형태이다. 이 경우 그 노래는 소비자에 의해 복제될 수 있고, 어디서나 어떤 다른 미디어로 들을 수도 있으며, 새로운 어떤 예술의 창조에 활용될 수도 있다. 그러므로 e-서비스에서의 유연성은 물리적 상품보다 비분리성이 더욱 크다.

(4) 비저장성Perishability 관련

e-서비스는 하나의 알고리즘으로서 생산자나 소비자 모두 무한정하게 저장할 수 있다. 물리적 상품이나 오프라인서비스와 달리 e-서비스는 소프트웨어로 전달되면 복수의 소비자가 반복적으로 무한정하게 소비할 수 있다.

(5) 소유권 비획득Non-ownership 관련

소유권 비획득 문제는 Lovelock et al.(2004)이 제안하였으며, 서비스에 있어서는 소유권이 이전되지 않는다는 개념이다. 이는 오프라인서비스나 온라인서비스 모두에서 받아들여진다. e-서비스는 부가적인 특성으로 '수요의 비경합성Non-rival in Demand(Asvanund et al., 2004)'이 있으며, 이는 타소비자의 유용성을 감소시키지 않으면서 소비가 동시에 일어날 수 있다는 의미이다.

그러므로 e-서비스는 무형적인 상품과 인간에 의해 이미 실행된 기능을 수행하는 소프트웨어의 사용 간의 연결상에 존재한다. e-서비스는 전통적인 서비스에 대한 만족욕구를 독특한 기술을 사용함으로써 구체화한다. 여기에서 제품과 전통적인 서비스와 e-서비스의 차이점을 종합적으로 압축하여 정리한 표를 살펴보기로 한다.

표 9.5 제품과 전통적 서비스 및 e-서비스의 특성 비교

제품 / 재화	e-서비스	서비스
유형적	무형적, 그러나 유형적 매체 필요	무형적
저장 가능	저장 가능	저장 불가능
생산소비 분리	생산소비 분리	생산소비 비분리
특허화 가능	저작권, 특허 가능	특허화 불가능
동질성	동질성	이질성
가격책정 용이	가격책정 어려움	가격책정 어려움
복제 불가	복제 가능	복제 불가
공유 가능	공유 가능	공유 불가
사용은 소비와 동등	사용은 소비와 비동등	사용은 소비와 동등
원자 기반	전자(비트) 기반	원자 기반

자료 : Hofacker et al., 2007.

Hofacker et al.(2007)에 의하면, e-서비스는 전통적인 서비스와 제품과의 사이에 존재한다. e-서비스는 서비스와 제품의 특성들을 공유하고 있다. 상기와 같은 구분은 일반적으로 아직 받아들여진 것은 아니나 많은 시사점을 내포하고 있으며, 디지털 커뮤니케이션에 의해 전통적인 서비스와 제품의 융합Convergence이 촉진되고 있어 이에 대한 본질적이고 과학적인 가치가 제기된다.

지금까지 전통적인 서비스에 있어서의 대면접촉 환경이 디지털화 하고 커뮤니케이션 네트워크로 전달되므로, 1차 생산자와 서비스 간에 있어서 서비스가 제품화한 상품A Good-like Product으로 바뀐다. 반면에 어떤 상품, '소프트웨어(Tiwana et al., 2001)'와 '프린팅서비스(e.g. Penttinen et al. 2008; WhatIs.com)'는 종래에 제품으로 고객에게 팔았으나 이제 점차적으로 고객에 대한 서비스로 전달된다.

이 2가지 경우는 e-서비스이다. 그런 측면에서 e-서비스개념의 핵심은 정보서비스와 제품 간의 융합개념에 두어야 한다. "e-서비스는 인간 활동보다 소프트웨어 알고리즘으로 전달되므로, 서비스계발은 대면서비스보다 제조공정 운영과 더 가깝다(Meyer et al., 1996)"고 한 표현이 e-서비스 특성을 대변하고 있으며 e-서비스 운영과 실행에 시사하는 바가 크다.

종합정리학습 및 토의과제

❶ 용어에 대한 이해

- e-서비스
- 거래적 관점
- 정보교환적 관점
- 비즈니스활동 관점
- 효과 관점
- 가치사슬증진 관점
- e-비즈니스

종합정리학습 및 토의과제

❷ 토의과제

- e-서비스를 전통적 서비스개념과 연계하여 그 공통점과 차이점에 대해 설명할 수 있는가?

- e-비즈니스 환경에서 서비스산업 내지 서비스시스템에서 중요한 것은 무엇인가?

- 제품과 일반서비스 및 e-서비스의 특성을 비교하면, e-서비스가 제품과 유사한 특성을 보유하고 있음을 알게 된다. 이것이 시사하는 바는 무엇인가?

CHAPTER 10 e-서비스의 형태와 혜택

e-서비스를 이해하기 위해서 이의 구체적 형태를 고찰할 필요가 있으며, 이에 대해 다양한 구분기준이 있을 수 있다. e-서비스를 그 출처와 산출물의 물리적이고 가상적인 차이에 따라 구분한 Van Riel et al.(2005) 기준과 전자상거래와 e-비즈니스 분야에서 e-서비스를 연구한 Hofacker et al.(2007)의 기준 및 Scupola(2008)의 기준으로 살펴보기로 한다.

01. e-서비스의 형태

1) 반리엘 · 오워스룻 분류Van Riel & Ouwersloot, 2005

구 분		출처(Origin)	
		가상적(Virtual)	물리적(Physical)
산출물(Product)	가상적	e-포탈 • 구글 • 야후 • 아씨큐(ICQ)	회사포탈 • 엠에스엔(MSN) • 씨엔엔(CNN)
	물리적	e-소매(e-tailers) • 아마존(Amazon) • 델(Dell)	e-셀러(e-sellers) • 반스앤노블(Barnes & Noble) • 애플(Apple)

자료 : Van Riel & Ouwersloot, "Extending electronic portals with new services : Exploring usefulness of brand extension models", Jounal of Retailing and Consumer Services, 2005.

상기 도표에서 하단은 e-서비스 도입산업Click-and-mortar과 전통산업Brick-and-mortar서비스 공급자를 표시하며, 상단은 온라인서비스만을 제공하는 포탈인 순수 e-서비스Clicks and Bits와 기존의 전통적인 서비스Bricks를 전자적인 것Bits으로 전환한 공급자인 '브릭인 비츠Bricks in Bits' 사업자를 표시한다.

2) 호패커 등의 분류Hofacker et al., 2007

(1) 기존의 오프라인서비스 및 상품에 대한 보충하는 e-서비스

기존의 상품과 서비스에 보충 e-서비스를 통해 가치를 부가하는 형태이다. FedEx의 경우와 같이, 고객이 온라인상으로 화물의 위치를 추적함으로써 인지를 통해 실질적 위험이 감소하고 유형성 인식이 제고되는 사례나, 항공사의 경우에 온라인상 고객이 좌석을 변경하는 것이나, Cisco의 경우 웹을 통한 기술적 지원 및 AS 제공 등의 사례이다. 이를 통해서 고객의 서비스향상이 가능하며, 함께 부가적으로 서비스 제공사는 이러한 채널을 활용하여 고객정보를 확보할 수 있다.

(2) 기존의 오프라인서비스를 대체하는 e-서비스

전통적인 오프라인서비스를 e-서비스를 활용하여 가상적으로 대체하는 형태이다. Amazon, Netflix 등에서 사례를 찾을 수 있다. e-신문(e.g. Ihlstrom Eriksson et al., 2008) 또는 e-bay와 같은 온라인경매(e.g. Wang et al., 2008) 등이 사례이다.

(3) 독특한 신종 핵심서비스로서의 e-서비스

지금까지 존재하지 않았던 새로운 핵심 e-서비스를 말하며, 사례로는 온라인 컴퓨터게임, 온라인 탐색엔진으로 Google(e.g. Vragov, 2009) 등이 있다.

3) 스쿠폴카 분류Scupola, 2008

Scupola(2008)의 경우도 e-서비스를 3가지로 분류하고 있다. ① 인터넷이나 다른 전자적 네트워크를 통해 접속되는 서비스, ② 인터넷이나 다른 전자적 네트워크를 통해 직접적 또는 간접적으로 소비되는 서비스, ③ 사용 대가로 고객이 제공자에게 지불하는 사용료가 있을 수 있다(e.g. 영화관람권 온라인구매 특별요금). 그러나 정부공공기관의 경우는 다를 수 있다. e-서비스를 서비스마케팅이나 전자상거래에서 접근하는 방식 이외로 다음과 같은 4가지 형태의 e-서비스를 구분할 수 있다.

표 10.1 e-서비스 형태별 특성요약

e-서비스 형태	B-to-B	B-to-C	G-to-B 및 G-to-C	C-to-C
특성/중점	협동 및 관계구축	판매 및 고객유지	사용자/시민 권한 위양, e-민주주의, 도시/농촌 지역 구분	개별적 가치창조
사 례	외부조달 인쇄서비스 및 설비에서 공급망 관리; SaaS*	e-소매, e-CRM(고객관계관리), e-뱅킹, e-신문; 웹 포탈	온라인 세금환급, 전자투표, 전자도서관, 원격의료, 원격 사회안전서비스	온라인 경매, 고객 추진 전자시장, 온라인게임, 온라인공동체(뉴스그룹), wikis

자료 : Software as a service Scupola et al., 2009.

02. e-서비스의 혜택

많은 e-서비스 연구가 온라인 소매나 물리적 서비스의 대체에 초점을 두는 보충적 서비스로 개념화하는 관점에서 이루어졌다. 전자상거래나 서비스마케팅 차원에서 e-서비스는 서비스 채널의 다양화나 SST Self-service Technology 수용문제 및 이에 의한 서비스 공동생산 관점의 연구가 활발하였다. e-서비스가 주로 인터넷을 매개로 하나, 인터넷은 대체적으로 정보의 필요를 충족시키는 데에 사용된다.

정보의 가용성 Information Availability은 전통적인 쇼핑채널과 비교해 볼 때 온라인 쇼핑의 핵심적 혜택 중의 하나이다(Zeithaml et al., 2002; Kim et al., 2006). e-서비스는 주문실행 그 이상이며, 문의나 e-mail, 상태 확인에 대한 응답성 그 이상이다. e-서비스는 정보의 양방향 흐름으로 고객에게 새로운 경험을 제공한다. 정보가 어떻게 인지되고 사용되며, 고객들이 필요로 하고 얻기를 기대하는 정보가 무엇인지 하는 것은 e-서비스 프로세스에서 정보품질에 중요한 역할을 수행한다(Salaun & Flores, 2001). e-서비스 프로세스는 정보기술을 통한 정보의 흐름에 기초하며, 그래서 정보의 품질은 고객만족의 공식화에 중요하다.

e-서비스가 주는 혜택으로는 이동성Mobility, 유연성Flexibility, 상호작용성Interactivity, 교환성Interchangeability 등을 들 수 있다(Hoffman, 2003). 이를 고객과 제공자 측면으로 나누어 생각해 볼 수 있다.

e-서비스로부터 고객이 갖게 되는 효익 내지 혜택은 고객화Customization, 상호작용, 글로벌 접속, 실시간 접속, 멀티미디어 디스플레이 등을 들 수 있으며, 제공회사가 갖게 되는 혜택은 채널 유동성(정보믹스, 제품설명, 사이트 및 인터페이스 디자인)과 마켓 잠금Lock-in : 전환비용 및 적극적인 소비자 외연 확대(많은 소비자가 접속할수록 e-서비스 가치 제고)를 들 수 있다(Viswanathan, 2005). 흔히 실무적 상황에서는 기존의 대면인력을 e-서비스로 대체함으로써 비용절감을 고려하는 측면도 있으나 위험할 수 있다.

e-서비스의 실질적 핵심은 고객만족과 고객유지율 향상에 의한 수익창출에 중점을 두는 고객중심 관점이 중요하며, 비용절감이나 효율성 향상 문제에 초점을 두기보다는 서비스향상과 CRM을 통한 수익확대에 관심을 두어야 한다(Rust & Kannan, 2003). 아울러, SST 확산은 기존의 대면 서비스가 제공하였던 사회적 유대감을 저하시킨다(Selnes and Hansen, 2001)는 부정적 관점에도 관심을 가질 필요가 있다.

종합정리학습 및 토의과제

❶ 용어에 대한 이해

- e-포탈
- e-소매
- e-셀러
- Click-and-mortar
- Brick-and-mortar
- Bricks in Bits
- B-to-B
- B-to-C
- G-to-B
- C-to-C
- 이동성(Mobility)
- 유연성(Flexibility)
- 상호작용성(Interactivity)
- 교환성(Interchangeability)

종합정리학습 및 토의과제

❷ 토의과제

• e-서비스는 어떤 형태를 띠고 제공되고 있는가?

• e-서비스는 기존의 서비스를 대체할 수 있는가? 그 수준은 어디까지인가?

• e-서비스의 혜택은 무엇인가?

e-서비스의 영역과 연구동향

01. e-서비스 범위와 영역

e-서비스에 대한 개념 정의가 다양한 바에 대해 살펴보았으며, 따라서 이에 범위와 영역도 연구목적이나 방법에 따라 다를 수 있다. 우선 주요한 e-서비스 정의를 보면, "인터넷을 통하여 전달되는 웹서비스(Zeithaml et al., 2004)"로 파악하거나, "컴퓨터 또는 휴대용 정보기기 등을 통해 제공되는 정보기술 기반의 새로운 양방향 서비스(van Riel et al., 2001)"로 하여 매체를 인터넷뿐만 아니라 휴대용 단말장비까지 포함하는 정의도 있다. 이와 함께 Rowley(2006)도 "e-서비스는 웹Web, 정보 키오스크Information Kiosks 및 모바일 디바이스Mobile Devices를 포함한 정보기술에 의해 그 전달이 중개된 행위들, 노력들 또는 성과들이다. e-tailing, 고객지원 및 서비스, 그리고 서비스 전달 등이 모두 e-서비스 속에 포함된다(Rowley, 2006)"고 하여 전달매체를 인터넷에 국한하지 않고 있다.

나아가 "알고리즘으로 저장되고 전형적으로 네트워크화 한 소프트웨어에 의해 실행되는 프로세스를 통해 고객에게 효익을 창출하고 제공하는 행위 또는 성과(Hofacker et al., 2007)"로 인식하거나, "인터넷 기반 시스템 및 모바일 솔루션과 같은 ICT(정보통신기술) 네트워크 사용을 통해 생산, 제공 및 또는 소비되는 서비스(Scupola, 2008)"로 파악하여 e-서비스의 영역을 광의적으로 인식하였다. 한편, Rust and Kannan(2003)은 e-서비스는 고객서비스와 공급자 간의 관계증진이라는 목표를 위해 고객이나 관련된 조직의 고객지원 프로세스와 기술 통합에 의해 추진되는 상호작용, 내용 중심 및 인터넷 기반의 고객서비스라고 인식하였다. 따라서 Rust et al.(2002)에 의하면, e-서비스

영역은 다음 그림에서 보는 바와 같이 고객과 공급자 간의 상호작용으로 조직의 전자적 채널로 수행된다(Rust and Kannan, 2002).

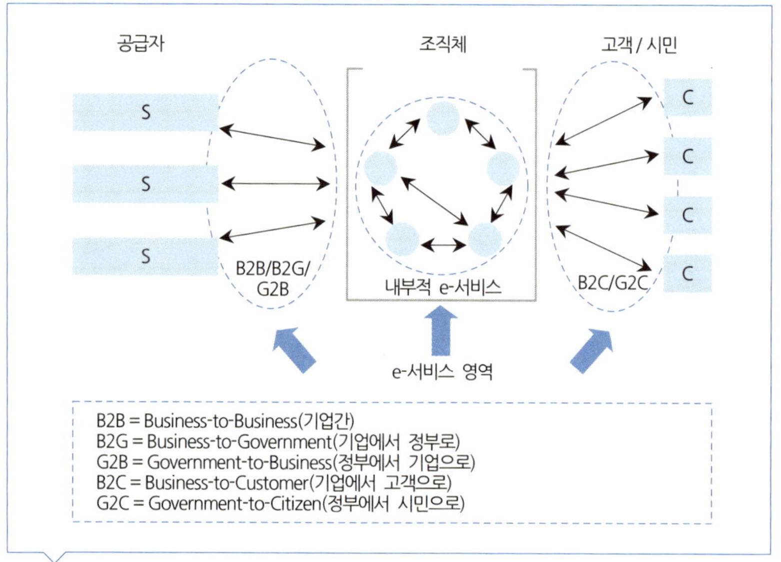

자료 : Rust, R. T. and Kannan, P. K. E-Service : New Directions in Theory and Practice, M. E. Sharpe, 2002.

그림 11.1 e-서비스 영역, Rust and Kannan

전술한 e-서비스의 정의 및 형태 관련하여, Scupola(2008)의 'e-서비스의 특성 요약'에서 살펴본 바와 같이 e-서비스의 4가지 형태와 개념도 광의적으로 인식하여 e-서비스 영역으로 포함하고자 한다. e-서비스의 영역은 상기의 Rust et al.(2002)의 영역을 근간으로 하되, 전달매체를 인터넷에 국한하지 않고 ICT로 확장할 필요가 있다.

02. e-서비스 연구동향

전술한 바와 같이 전통적인 오프라인 상에서 개발된 것을 온라인상에서 적용하는 문제라든지, 기존의 물리적인 서비스를 온라인 소매로 대체하는 문제에 중점을 둔 e-서비스 연구가 많았으며, 서비스품질 문제를 온라인 웹에 적용하는 연구흐름이 있다(PZM, 2005). 한편으로는 기존의 오프라인 중심의 회사가 보충적인 차원에서 인터넷 시대에 대비하는 수준의 접근이 있어 왔다. 이 경우는 특히 SST 수용문제(Dabholkar, 1996)나 CRM에서 고객유지 문제(Rust & Kannan, 2003)가 주요한 관심 과제였다. 또한, Scupola et al.(2009)은 e-서비스에 대한 연구 동향을 다음과 같이 제시하였다.

표 11.1 e-서비스 연구동향

혁신 및 혁신 확산	경영 및 전략	마케팅	
		고객 준비도	e-서비스품질
Black et al.(2001)	Boyer et al.(2002)	Schneider and Bowen(1995)	Parasuraman et al.(2005)
Toufaily et al.(2009)	Pejic-back and Pejic-bach(2008)	Meuter et al.(2005)	Gournais and Dimitriadis(2003)
Scupola and Nicolajsen(2009)	Gullkvist(2008)	Bobbitt and Dabhholkar(2001)	Bauer(2006)
Walker et al.(2002)			Collier and Bienstock(2006)
Gerrard and Cunningham(2003)			Jun and Cai(2001)
			Zeithaml et al.(2003)

자료 : Scupola et al., 2009.

03. e-서비스와 기술수용 문제

e-서비스 주요한 매체로서 SST는 기술기반 서비스접점에서 필수적이다. SST는 "서비스 현장직원의 직접적 지원 없이 고객이 독립적으로 서비스를 생산 가능하게 하는 기술적 인터페이스"로 정의되고 있다(Meuter et al. 2000). 은행의 현금자동지급기ATM, 항공사의 자동체크인 키오스크Kiosk나 호텔의 자동 체크아웃시스템, 온라인 소매, 주유현장 지불Pay-at-the-pump 등의 사례를 들 수 있다.

이러한 SST를 전통적인 대면서비스와 비교할 때 기술기반 셀프서비스가 능률성, 편리성 등의 명백한 이점이 있으나, 이 서비스 모두가 성공적인 것도 아니며, 또한 모든 고객이 이를 기꺼이 채택 사용하고 있지도 않다(Bitner, Ostrom, Meuter, 2002). 고객의 SST 채택 의도에 관한 연구에는 2가지 흐름이 있으며, 기술기반과 서비스기반 연구이다. 전자는 속성기반 신념, 태도기반 신념, 행동의도 간의 이론적 연결을 제공하고, 후자는 SST에 특별히 관련 있는 다양한 특별 속성과 태도를 구분한다.

TRATheory of Reasoned Action(Fishbein and Ajzen,1975; Ajzen and Fishbein, 1980)이론에 기반하여 개발된 Davis(1985)의 기술수용 모형TAM : Technology Acceptance Model은 인간의 기술에 대한 채택 행위를 설명하는데 유용한 모형으로 광범위하게 수용되고 지지되고 있다(Davis,et al. 1989; Legris et al. 2003). TRA와 유사하게, TAM은 인간의 실제적인 행위는 태도나 속성기반 신념에 의해 결정된 행동의도에 의해 결정된다.

그러나 TAM은 다음 2가지 관점에서 TRA와 구분된다. TAM에 의하면, 기술 수용 행동에 관련된 2가지 특별한 속성으로 '인지된 유용성Perceived Usefulness'과 '인지된 사용 용이성Perceived Ease of Use'을 구분하였으며, 이는 후속한 SST 수용 연구에 크게 활용되고 있다(e.g., Dabholker, 1996; Curran and Meuter, 2005). TRA는 태도가 신념과 행동의도 간에 완전하게 중개하지만, TAM(특히, 수정 TAM)은 신념도 역시 행동의도에 직접적 영향을 준다고 제기하였다(e.g., Davis et al., 1989; van der Heijden, 2003). 그러므로 TAM에 의하면, 속성기반 신념과 태도 모두 행동 의도에 직접적인 영향을 준다고 언급하였다.

TAM은 2가지 특별한 속성인 '유용성과 사용 용이성' 및 하나의 일반적인 태도에 절대적으로 초점을 둔 반면에, 서비스 연구자들은 다음 표에서 요약되어 있는 바와 같이 SST 채택에 대한 고객의도의 속성기반 및 태도기반 선행조건의 다양성을 조사함으로서 이해를 확장하였다.

이들에 의하면, 주요한 속성 기반 선행조건은 사용 용이성, 유용성, 통제, 복잡성, 위험, 재미 / 향락 등이며, 주요 태도기반 선행조건은 기술 준비도, 기술 염려성, 상호작용 욕구, 기술에 대한 태도, SST 사용에 관한 태도 등이다. 이러한 연구 흐름은 속성 기반이나 태도 기반의 연구에 국한되거나 특정 선행조건 만을 대상으로 하고 있어 이에 대한 통합적인 연구노력이 필요한 것으로 판단된다.

표 11.2 SST 채택에 대한 고객의도의 주요 선행조건

주요 연구자	속성기반 선행조건	주요 연구자	태도기반 선행조건
Dabholkar(1996), Dabholkar and Bagozzi(2002), Curran and Meuter(2005), Lin et al.(2007)	인지된 사용 편의성 (Perceived Ease of Use)	Parasuraman(2000), Chris Lin and Pei-Iing(2006), Lin et al. (2007)	기술 준비도 (Technology Readiness)
Curran and Meuter(2005), Lin et al.(2007)	인지된 유용성 (Perceived Usefulness)	Meuter et al.(2003), Meuter et al.(2005)	기술 염려성 (Technology Anxiety)
Dabholkar(1996), Lee and Allaway(2002)	인지된 통제 (Perceived Control)	Dabholkar(1996), Curran and Meuter(2005), Meuter et al.(2005)	상호작용 욕구 (Need for Interaction)
Walker et al.(2002), Meuter et al.(2005)	인지된 복잡성 (Perceived Complexity)	Dabholkar(1996), Bobbitt and Dabholkar(2001)	기술에 대한 태도 (Attitude Towards Technology)
Lee and Allaway(2002), Walker et al.(2002), Curran and Meuter(2005), Meuter et al.(2005)	인지된 위험 (Perceived Risk)	Bobbitt and Dabholkar(2001), Dabholkar and Bagozzi(2002), Curran et al.(2003), Curran and Meuter(2005)	SST에 대한 태도 (Attitude Towards Using SSTs)
Dabholkar(1996), Dabholkar and Bagozzi(2002)	재미 / 오락성 (Fun / Enjoyment)		

자료 : Cheng Wang et al., An Integrated Model of Intentions to Adopt Self-Service Technologies(SSTs) : The Moderating Effects of Personality Traits Cheng Wang, Jennifer Harris, Paul Patterson, University of New South Wales, 2009.

고객의 e-서비스 수용에 대한 연구로는 Ruyter et al.(2001)에 의하면, 선행조건으로 조직명성, 서비스의 상대적 혜택과 신뢰를 제시하였고, Kaasinen(2005)는 모바일 서비스에 대한 고객수용의 4가지 요소로 인지된 가치, 인지된 사용 용이성, 신뢰 및 인지된 수용 용이성을 제안하였다.

종합정리학습 및 토의과제

❶ 용어에 대한 이해

- e-서비스와 SST
- TRA
- TAM
- 사용 용이성(사용 편의성)
- 사용 유용성
- 기술 염려성

종합정리학습 및 토의과제

❷ 토의과제

• e-서비스는 고객에게 어떻게 전달되고 수용되는가?

• e-서비스의 범위와 영역은 어디까지인가?

• 서비스산업 중 하나를 선택하여, e-서비스 기술 수용에 대해 제공자 및 고객입장에서 설명할 수 있는가?

CHAPTER 12 e-서비스품질

e-서비스품질은 가상 시장공간에서 e-서비스 전달의 품질과 우수성에 대한 고객의 전반적인 평가와 판단으로 정의할 수 있다(Santos, 2003). e-서비스품질 정의를 위한 탐색과정에서 연구자와 e-서비스 공급자들은 "사이트 고객방문수를 증대하기 위한 요소는 무엇인가", "고객이 실제 구매가 행해지도록 하는데 영향을 주는 요소는 무엇인가", "사이트 방문 플로Traffic Flow를 증대하는 요소는 무엇인가", "고객 유지율을 증대하는 요소는 무엇인가" 하는 매우 통상적인 질문에 응답하고자 노력한다(Madu & Madu, 2002). e-소매상에 대한 공통적인 설문은, 온라인 쇼핑이 쉽고 유용하며, 재미있고 안전하다는데 대해서 고객의 인식을 증대하는 속성은 무엇인가 하는 것이다(Ha & Stoel, 2008).

e-서비스에 대한 정의가 다양하고 아직 일반적으로 수용되는 정의가 미확립 되었듯이 e-서비스품질에 대한 것도 그러하다. e-서비스에 대한 연구는 아직 초기단계에 있으며, e-서비스품질에 대해 일반적으로 수용되는 이론적 개념 정의는 아직 형성되지 못하였다(Riel et al. 2001; Long & McMellon, 2004). 서비스품질은 인적 대면 환경 하에서는 많은 선행적 정의가 있었으나, 전자적 환경 하에 e-서비스에 대한 것은 그러하지 못하다(Santos, 2003).

근래 e-서비스품질 연구는 서비스품질 측정 기준보다 고객관계 관리에 한정되어 왔었다(Buckley, 2003). 현재까지도 e-서비스품질에 대한 널리 인정될만한 정의는 선행 연구에서 찾아보기가 어렵다. 예를 들면, Parasuraman et al.(2005)은 e-서비스품질을 웹사이트를 통해 전달된 서비스에 한정하여 논의하였다. Zeithaml(2002)은 e-서비스품질에 대한 정의를 인터넷에 대한 특별한 고려로 한정하며, 제품과 서비스를 "효율적이며 효과적으로 탐색하고, 구매하며, 전달할 수 있도록 촉진하는 웹사이트의 범위까지로 정의해야 한다."고 하여 e-서비스 매체를 웹에 한정하고 있다. 그러나 e-서비스 정의와 영역에서 논의하였듯이 e-서비스 매체를 인터넷과 모바일 디바이스 등 ICT 기반으로 확장할 필요가 있다.

e-서비스품질 범위를 인터넷 기반 차원을 넘어선 확장된 개념으로 인식한 Santos (2003)는 e-서비스품질을 "가상시장 환경에서 고객이 내린 e-서비스 제공물의 품질과 우수성에 대한 전반적인 평가와 판단"으로 정의하였다(Santos, 2003).

이러한 정의는, 본 연구에 있어서 항공사의 e-서비스가 인터넷 서비스 채널에만 국한되어 있지 않으며, 인터넷 서비스품질, 텔레마케팅, 키오스크, e-항공권, RFID를 활용한 수하물 처리서비스, IT활용 기내서비스 등등의 서비스품질도 이런 특수한 서비스 환경 하에서 고려되어야 하므로, e-서비스품질에 대한 적절한 정의로 판단된다.

01. e-서비스품질 차원

표 12.1 e-서비스품질 차원 연구

연구자	부 분	품질요소 / 특질(품질 차원)	비 고
Dabholkar(1996)	e-서비스	웹사이트 디자인, 신뢰성, 전달, 사용 용이성, 향락 및 통제	
Zeithaml et al.(2000) ZPM	온라인 소매	능률성, 신뢰성, 이행성, 프라이버시, 응답성, 보상 및 접촉	e-SERVQUAL (E-S-QUAL)
Yoo and Donthu(2001)	온라인 소매	사용 용이성, 심미적 디자인, 처리속도, 상호작용 반응성	SITEQUAL
Jun and Cai(2001)	온라인 뱅킹	웹사이트 디자인, 정보, 사용 용이성, 접근, 예의, 반응성, 신뢰성	
Yang(2001)	온라인 소매	웹사이트 디자인, 안전, 정보	
Van Riel, Liljander, & Jurriëns(2001)	웹 포탈	핵심서비스, 촉진서비스, 지원서비스, 보충서비스, 사용자 인터페이스	
Cox and Dale(2001)	온라인 소매	웹사이트 외관, 커뮤니케이션, 접근성, 신용성, 이해 및 가용성	
Cox and Dale(2001)	e-서비스	무형성, 동시성, 이질성, 소멸성	

연구자	부 분	품질요소 / 특질(품질 차원)	비 고
De Ruyter, Wetzels, & Kleijnen(2001)	e-서비스	조직평판, 비교우위, 인지된 서비스품질에 대한 인지된 위험, 신뢰 및 고객의 행동의도	
Madu & Madu(2002)	e-서비스	실행, 모양, 구조, 심미, 신뢰도, 저장능력, 유용성, 안전 및 시스템 완전성, 신뢰, 반응성, 상품 / 서비스 차별화 및 고객화, 웹상점 정책, 평판, 확신, 공감	
Yang and Jun(2002)	e-서비스	신뢰성, 접근성, 사용 용이성, 개인화, 신용성, 안전성(인터넷 구매자), 안전성, 응답성, 사용 용이성, 가용성, 신뢰성, 개인화, 접근성(인터넷 비구매자)	
Yang and Jun(2002)	온라인 소매	웹사이트 디자인, 안전성, 신뢰성, 응답성, 접근성, 고객화	
Zeithaml, Parasuraman & Malhotra(2002)	웹사이트	정보가용성 및 내용, 사용 용이성 또는 유용성, 프라이버시 / 안전, 그래픽스타일 및 이행도	
Zeithaml et al.(2002)ZPM	e-서비스	안전성, 커뮤니케이션, 신뢰성, 응답성, 전달성	e-SERVQUAL (E-S-QUAL)
Loiacono et al.(2000, 2002)	온라인 소매	정보, 상호작용, 신용, 반응시간, 웹사이트 디자인, 시각적 호소력, 직관성, 흐름, 혁신성, 통합된 커뮤니케이션, 비즈니스 프로세스, 대리능력	WebQUAL
Wolfinbarger & Gilly (2002, 2003)	온라인 쇼핑	웹사이트 디자인, 신뢰성, 안전성, 고객서비스	.comQ → eTailQ
Van Iwaarden et al.(2003)	웹사이트	유형성, 신뢰성, 응답성, 확신성, 공감성	
Lu & Zhang(2003)	e-서비스	비용, 혜택, 기능 및 개발	
Santos(2003)	e-서비스 (온라인쇼핑, 전자상거래)	비활성 차원(사용 용이성, 외관, 연동, 구조 및 배치, 내용), 활성적 차원(신뢰성, 능률성, 지원, 커뮤니케이션, 안전, 인센티브)	
Surjadaja et al.(2003)	e-서비스	안전, 상호작용, 응답성, 정보, 신뢰성, 전달, 고객화	
Yang et al.(2003)	온라인 소매	응답성, 신용성, 사용 용이성, 신뢰성, 편의성, 커뮤니케이션, 접근성, 능력, 예의, 개인화, 협동, 안전, 심미	
Yang et al.(2004)	온라인 쇼핑사이트	신뢰성, 응답성, 능력, 사용 용이성, 안전, 제품 포트폴리오	
Van Riel, Semeijn, & Janssen(2003)	온라인 항공예약	사용자 인터페이스 디자인, 응답성, 신뢰성, 고객화, 안전성	
Field et al.(2004)	e-서비스	웹사이트 디자인, 신뢰성, 안전성, 고객서비스	
Kim and Stoel(2004)	온라인 소매	웹외관, 오락, 정보, 처리능력, 응답성, 신용	
Yang and Fang(2004)	e-서비스	응답성, 신뢰성, 신용성, 역량, 접근성, 예의, 커뮤니케이션, 정보, 응답성, 웹사이트 디자인	

연구자	부 분	품질요소 / 특질(품질 차원)	비 고
Ancarani(2005)	웹사이트, 공공 e-서비스	정보, 상호작용, 쌍방대화, 처리	
Kuo et al.(2005)	웹포탈	편의, 공감, 사용 용이성, 정보, 품질, 재미, 신뢰성, 응답성, 접근성, 여타 기준	
Lee & Lin(2005)	온라인 쇼핑	웹사이트 디자인, 신뢰성, 응답성, 신용 및 개인화	
Gounaris et al.(2005)	온라인 소매	웹사이트 디자인, 정보, 신용, 응답성, 명성	
Semeijn et al.(2005)	e-서비스	내비게이션, e-스케이프, 응답성, 고객화, 확신성, 정확성, 온라인 가치, 온라인 재미, 만족, 충성도	
Parasuraman etal.(2005)PZM	e-서비스	핵심(능률성, 가용성, 이행성, 프라이버시), 서비스 회복(응답성, 보상 및 접촉)	E-S-QUAL E-RecS-QUAL
Fassnacht & Koese(2006)	e-서비스	환경 품질(그래픽 품질, 레이아웃 명쾌성), 전달 품질(선택의 매력성, 정보 품질, 사용 용이성, 기술적 품질), 결과 품질(신뢰성, 기능적 혜택, 감정적 혜택)	
Rowley(2006)	e-서비스	사이트 외양, 안전, 커뮤니케이션, 신뢰성, 고객지원, 응답성, 정보, 접근성, 전달 및 개인화	
Kim et al.(2006)	온라인 소매	능률성, 이행성, 시스템 가용성, 프라이버시, 응답성, 보상, 접촉, 정보, 그래픽 스타일	
Bauer(2006)	온라인 쇼핑	응답성, 신뢰성, 프로세스, 기능성 / 디자인, 향락	eTransQual
Collier and Bienstock(2006)	e-소매	프로세스 차원(기능성, 정보 정확성, 디자인, 프라이버시, 사용 용이성), 결과 차원(주문 정확성, 주문 조건, 적시성), 회복 차원(상호작용 공정성, 절차 공정성, 결과 공정성)	
Sousa and Voss(2006)	다중매체 상황 하 서비스품질	물리적 품질, 가상적 품질, 통합적 품질	다중매체 (on-off line)
Halaris et al.(2007)	e-정부	백오피스 실행층, 사이트 기술적 실행층, 사이트 품질층, 고객의 전반적 만족	
Cristobal et al.(2007)	e-서비스	웹사이트 디자인, 고객서비스, 확신 및 주문관리	
Sohn and Tadicina(2008)	온라인 재무서비스	신용, 전달속도, 신뢰성, 사용 용이성, 고객맞춤 커뮤니케이션, 웹사이트 내용 및 기능성	
Behkamal, Kahani, & Akbari(2008)	b2b 어플리케이션	기능성(합당성, 정확성, 상호이용성, 안전성, 추적성), 신뢰성(성숙성, 오류, 인내, 회복성, 가용성), 유용성(이해성, 교육성, 운용성, 매력성, 고객화, 항행성), 능률성(시간 행동, 자원 활용성), 지속성(분해성, 가변성, 안정성, 시험성), 운반휴대성(적응성, 장치능력, 공존력, 치환력)	
Ha & Stoel(2008)	온라인 쇼핑	웹사이트 디자인, 고객서비스, 프라이버시 / 안전성, 분위기적 / 실험적	
Sahadev & Purani(2008)	잡포털	능률성, 이행성, 시스템 가용성 및 프라이버시	

연구자	부 분	품질요소 / 특질(품질 차원)	비 고
e-순위(E-ratings) (www.consumerreports.org)		신용성(프라이버시, 안전, 고객서비스, 명세), 유용성(웹사이트의 디자인 및 내비게이션), 내용(정확한 상품 정보, 개인화, 카테고리 깊이)	웹사이트
비즈레이트(Bizrate.com) (www.bizrate.com)		주문 용이성, 상품 선택, 가격, 웹사이트 성능, 상품 표현, 프라이버시 정책, 고객지원, 적하 및 취급, 상품정보, 정시배달	웹사이트
웹상(Webby Awards) (www.webbyawards.com)		내용, 구조 및 내비게이션, 시각적 디자인, 기능성, 상호작용성, 전반적 경험	웹사이트
세계 최고의 웹사이트 (World' s Best Websites) (www.worldbestwebsites.com)		기능성(접근성, 속도 및 대역폭 민감도, HTML품질, 내비게이션 및 링크, 적법성), 디자인(그래픽디자인, 사용자 친화성, 심미성, 계열, 배치, 통합성), 내용(목적, 인간적 상호작용, 정보프로세스, 구어적 표현, 세부적 관심), 독창성(창의성, 독특성, 비전), 전문성(고객서비스, 가치, 메시지 초점)	웹사이트

상기와 같이 e-서비스 차원에 대한 주요 연구를 1996년 Dabholker부터 최근의 2008년까지 총 44가지 연구와 현행 웹사이트 4가지를 포함하여 총 48가지를 망라하여 분석해 보았다. 우선 연구부분 내지 맥락Context에서 현행 웹사이트 4가지를 제외하고 보면, 주로 e-서비스(16건), 온라인 소매(11건), 온라인 쇼핑(5건), 웹 포탈(3건), 웹사이트(3건), 온라인 뱅킹 및 기타(6건)로 분류된다.

다양한 연구의 맥락을 몇 가지 흐름으로 구분하여 볼 수 있다. 우선, 많은 연구가 SERVQUAL 도구를 기반으로 수정하여 e-서비스품질 차원을 연구 개발하였다. Zeithaml (2000)은 e-서비스품질 차원에 적용하기 위해 전통적인 SERVQUAL을 수정하여 7개 차원의 e-서비스품질 차원을 제안하였다. 차후 PZB는 후속연구를 통해 e-서비스품질을 측정하는 E-S-QUAL 척도를 Zeithaml(2000)의 7차원 척도를 기반으로 하여 개발하였다. Zeithaml(2002)은 SERVQUAL의 몇 개 차원은 e-서비스품질 측정에 활용될 수 있으나, e-서비스품질에는 특히 기술과 관련한 추가적인 차원이 필요하다고 주장하였다. 초기 E-S-QUAL은 11차원이었으나, PZB(2005)는 핵심차원The Core Dimensions과 회복차원The Recovery Dimensions을 포함하여 7차원 척도로 개발되었다.

이러한 7차원 척도는 고객의 e-서비스를 채택하는 선행적 요건으로서 고객의 경험과 평가 관점에 근거하는 e-서비스품질에 대한 기반적인 차원을 제공한다. 이후 수많은 연구에서 이러한 차원을 그대로 활용하거나 몇 가지를 가감 · 보완하는 형태의 연구가 현재까지 진행되고 있다.

다음 흐름으로, 근래 e-서비스품질에 대한 연구가 e-서비스, 온라인 소매, 온라인 쇼핑 및 온라인 금융서비스 분야 등에서 수행되었다. 대부분의 연구들은 전통적인 서비스품질 차원과 웹 인터페이스 품질 차원을 결합한 것으로 출발점을 삼고 있다. Dabholkar(1996)는 e-서비스품질을 웹사이트 디자인에 초점을 두고 연구하여 6개 기본적 변수를 품질 판단의 기준으로 주장하였다.

온라인 소매 연구에서 Yoo and Donthu(2001)는 웹 품질 측정을 위해 4차원 척도인 SITEQUAL을 개발하였고, Yang(2001)은 웹사이트 디자인, 안전, 정보 등 3차원을 주장하였으며, Cox and Dale(2001)은 온라인 소매 서비스품질 측정을 위해 6차원 척도를 개발하였다. 온라인 소매에 대한 Yang and Jun(2002)은 6차원으로, Lociacono et al.(2002)은 12차원으로 된 온라인 소매 서비스품질 측정을 위한 WEBQUAL을 개발하였다. 온라인 소매에 대한 후속 연구는 Kim and Stoel(2004)의 웹 외관 등 6차원, Gounaris et al.(2005)은 5차원, Collier and Bienstock(2006)은 프로세스차원(5가지)과 결과차원(3가지), 회복차원(3가지)을 제안하였다.

Van Riel et al.(2001)은 웹 포탈 연구에서 핵심, 촉진, 지원, 보충 서비스와 사용자 인터페이스를 품질차원으로 제시하였으며, Wolfinbarger and Gilly(2002)는 온라인 쇼핑상의 e-서비스품질 측정을 위해 COMQ를 제안하였고, 차후 이를 eTailQ로 명명 개발하였다. 온라인 쇼핑에 대해, Bauer(2006)는 응답성, 신뢰성, 프로세스, 기능성 / 디자인, 향락 등을 차원으로 하는 eTransQual을 주창하였으며, Ha and Stoel(2008)은 웹사이트 디자인 등 4가지 차원을 제안하였다. Jun and Cai(2001)는 온라인 뱅킹 연구에서 웹사이트 디자인 등 7차원을 제시하였고, Sohn and Tadisina(2008)은 온라인 금융기관에 대한 경험적 연구를 통해 e-서비스품질을 평가하는 6차원 모형을 제안하였다.

e-서비스품질에 대한 근래 연구에서는 e-서비스품질의 결과에 대한 다양한 인식을 토대로 더욱 새로운 차원을 제안하고 있다. De Ruyter et al.(2001)은 고객에 대한 더 나은 이해와 함께 고객의 필요와 기대를 충족하기 위한 서비스를 제공하는데 기여하는 e-서비스품질을 조직평판 등 5개 차원으로, Madu and Madu(2002)는 실행, 모양,

구조, 심미 등 15가지 차원 모형을 개발하였다. Santos(2003)는 온라인 쇼핑과 전자상거래의 e-서비스품질에 있어서, 신뢰성 등의 활성적 차원Active Dimensions과 함께 사용 용이성 등 잠재적인 차원Incubative Dimensions도 중요함을 주장하며, 11개 하위 차원으로 구성된 척도를 제안하였다. Surjadaja et al.(2003)은 e-서비스품질을 안전과 상호작용 등 7개 차원을 주장하였다. Field et al.(2004)은 해당기관과 그에 상응하는 핵심적 품질 차원을 연결시키는 e-서비스시스템 기관과 거래를 구분 인식함으로써 서비스품질을 평가하고 개선하기 위한 프로세스 모형을 개발하였으며, 품질 차원으로 웹사이트 디자인, 신뢰성, 안전성, 고객서비스 등 4 차원으로 제시하였다. Gounaris et al.(2005)은 온라인 소매에 대한 연구에서 웹사이트 디자인, 정보, 신용, 응답성, 명성 등 5개 차원을 적시하였다. Yang and Jun(2002)은 온라인 구매자와 비구매자 간의 차원은 차이가 있음을 설명하였다. Yang and Fang(2004)은 온라인서비스 만족과 불만족 간의 차원의 차이점에 대해 연구하고, 이에는 책임성, 신뢰성, 사용 편의성, 능력 등 만족과 불만족으로 이르는 4가지 현저한 품질 차원을 주창하였다. Fassnacht and Koese(2006)은 e-서비스품질을 환경 품질, 전달 품질, 결과 품질로 나누고 하위 차원으로 9개 차원을 제시하였으며, Rowley(2006)는 사이트 외양 등 10개 차원을 주장하였다. Behkamal et al.(2008)은 B2B 어플리케이션을 토대로 e-서비스품질 차원을 2단계로 제시하고 상위차원으로 기능성, 신뢰성, 유용성, 능률성, 지속성, 운반휴대성 등으로 하고 26개의 하위 차원으로 제안하였다.

이와 같은 연구와는 별개로 웹사이트품질을 평가하는 e-순위e-Ratings 등 4개의 웹사이트를 통하여 웹사이트품질 평가 차원을 상기 표와 같이 검토하였다. 지금까지 살펴 본 바와 같이 e-서비스품질 평가 차원은 연구하는 방법이나 대상의 다양성에도 불구하고 거의 모두가 웹사이트에 대한 품질 평가로 일관되었음을 알 수 있었다. 단지, Sousa and Voss(2006)만이 웹사이트에 그치지 않고 다중매체 상황 하의 서비스품질을 물리적 품질, 가상적 품질, 통합적 품질 등 3가지 품질 차원을 제시하며, 온라인 및 오프라인서비스 매체를 종합하는 품질 차원을 제기한 바 있다.

본서는 e-서비스를 광의적으로 정의하여 매체를 인터넷에 국한하지 않았으며, 제반 ICT로서, 웹서비스, 모바일Mobile서비스, 기타 기능적ATM, Kiosk서비스를 포함한 것을 e-서비스 영역으로 제안하였다. 그러므로 e-서비스품질 차원도 Sousa and Voss(2006)와 Collier and Bienstock(2006)의 연구를 토대로 하여 재구성 인식하고자 한다.

02. e-서비스품질 모형

e-서비스품질에 대한 논의에 앞서, 대부분의 연구가 그러하듯 웹서비스 내지 인터넷을 통한 서비스 공여Service Offering에 우선적인 관심을 가질 필요가 있다.

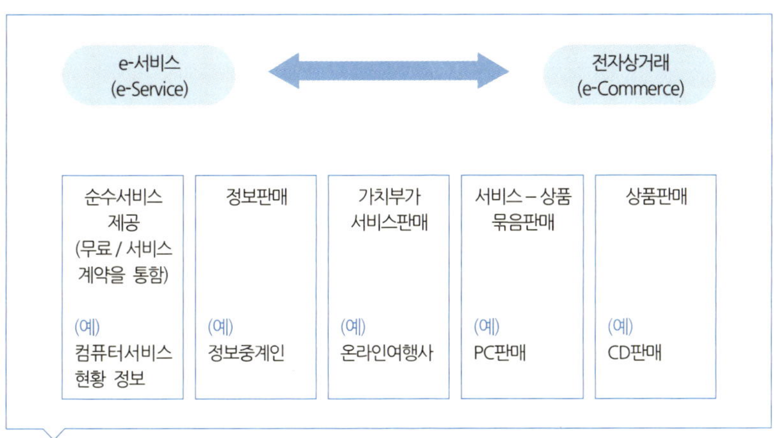

자료 : Voss, C. A., 2003.

그림 12.1 인터넷과 고객서비스 형태

1) 넷 오퍼 모형The NetOffer Model : Grönroos et al., 2000

Grönroos(2007)에 의하면, 인터넷 공여의 품질은 인지된 결과 품질(기술적 품질 차원)과 마찬가지로 구매나 소비기구로 인터넷을 사용할 때 갖게 되는 인지된 과정 품질(기능적 품질 차원)에 수반한다고 한다. 그에 의하면, "인터넷을 통한 어떠한 물리적인 상품이나 서비스 공여는 하나의 서비스"라고 정의하고, 인터넷을 통한 서비스 공여에 관련한 '인터넷공여 모형NetOffer Model'을 제안하였다. '서비스개념'은 서비스 패키지와 이의 인터넷 공여확장의 기반이 되고, '사용자 인터페이스'는 서비스 패키지의 부분으로 기술적 기능적 품질 차원은 인터페이스의 디자인과 기능에 의존하며, 모든 관점의 전산화된 상호작용으로 구성된다. '정보'는 인터넷을 통한 공여에 결정적인 요소로서 인터넷에 제품이나 서비스를 공여할 때 반드시 제공되어야 하며, 공급자나 고객에 의해 제공되는 정보는 핵심, 권능부여Enabling, 촉진Enhancing 서비스가 기능을 발휘하고, 사용자 인터페이스가 구동할 수 있도록 하는 윤활유가 된다. '고객의 참여'는 고객 인터페이스의 작동에 관한 한 고객의 기술과 지식 및 흥미를 표현하며, 서비스 공동 생산자로서 구매, 질의, 불만제기, 반응 접수 등을 가능하게 한다. '커뮤니케이션'은 인터넷 상에서 접근성이나 상호작용을 제공하며 이메일, 전화, 서신 등 모든 가능한 수단을 포함한다. 이러한 커뮤니케이션과 고객참여 기술을 통해 인터넷 공여의 기능적 품질('어떻게' 차원)이 제고되며, 고객은 제공된 기술적 품질('무엇' 차원)을 인지할 수 있게 된다.

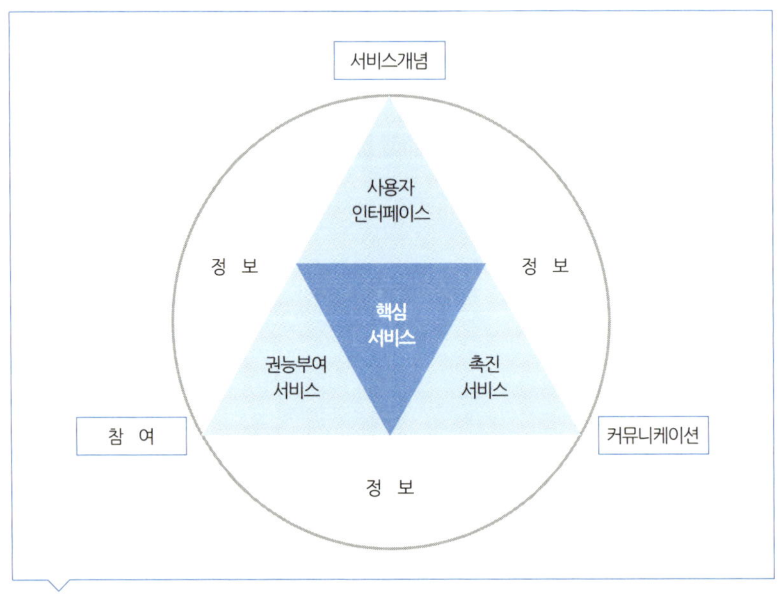

자료 : The NetOffer Model-Grönroos et al., 2000.

그림 12.2 인터넷공여 모형

2) 보스 모형Voss, 2003

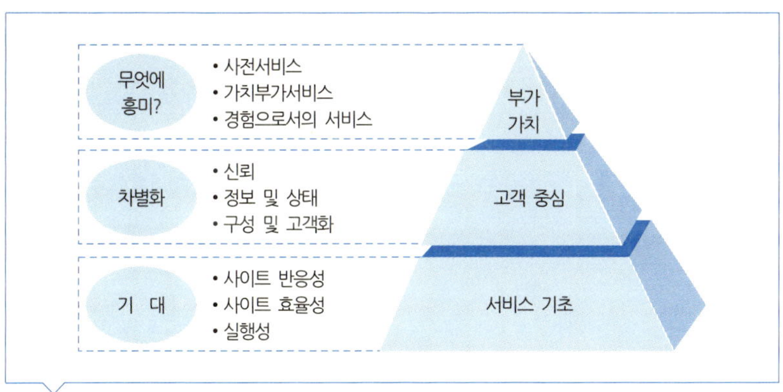

* 각 단계의 발전역량으로서의 혜택을 얻는 능력은 각 하위단계가 충족되어야 가능하다.

Voss는 2003년 e-서비스품질 모형을 사이트의 반응성과 효율성 및 실행성 기대가 서비스 기초이며, 이 단계가 충족되면 고객 중심의 차별화 단계로서 신뢰성, 정보의 상태, 구성 및 고객화 단계가 된다고 하였다. 고객에게 흥미를 느끼게 하는 사전 서비스, 가치부과 서비스, 경험으로서의 서비스가 부가가치를 창출한다고 하였다.

3) 산토스 모형Santos, 2003

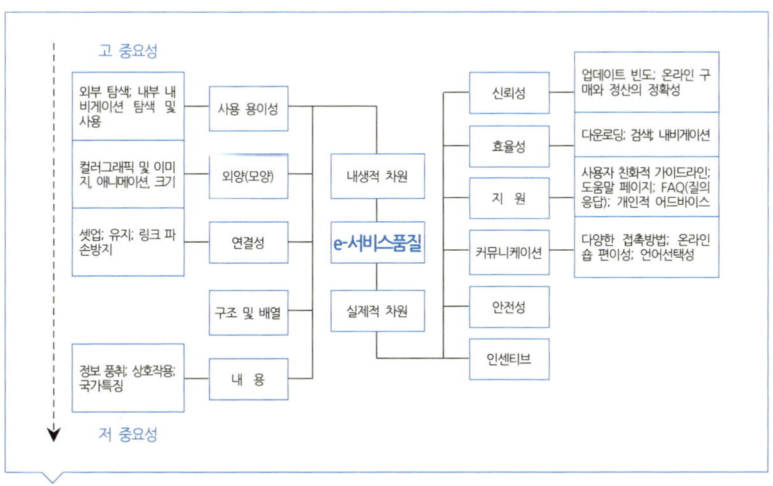

Santos는 2003년 사용용이성, 외관, 연결성, 구조와 배열 및 내용을 잠재적 차원으로 하고, 신뢰성, 효율성, 지원성, 커뮤니케이션, 안전성, 인센티브를 실행적 차원으로 하는 e-서비스품질 모형을 제안하였다.

4) 바우어 모형Bauer, 2006 : eTransQual

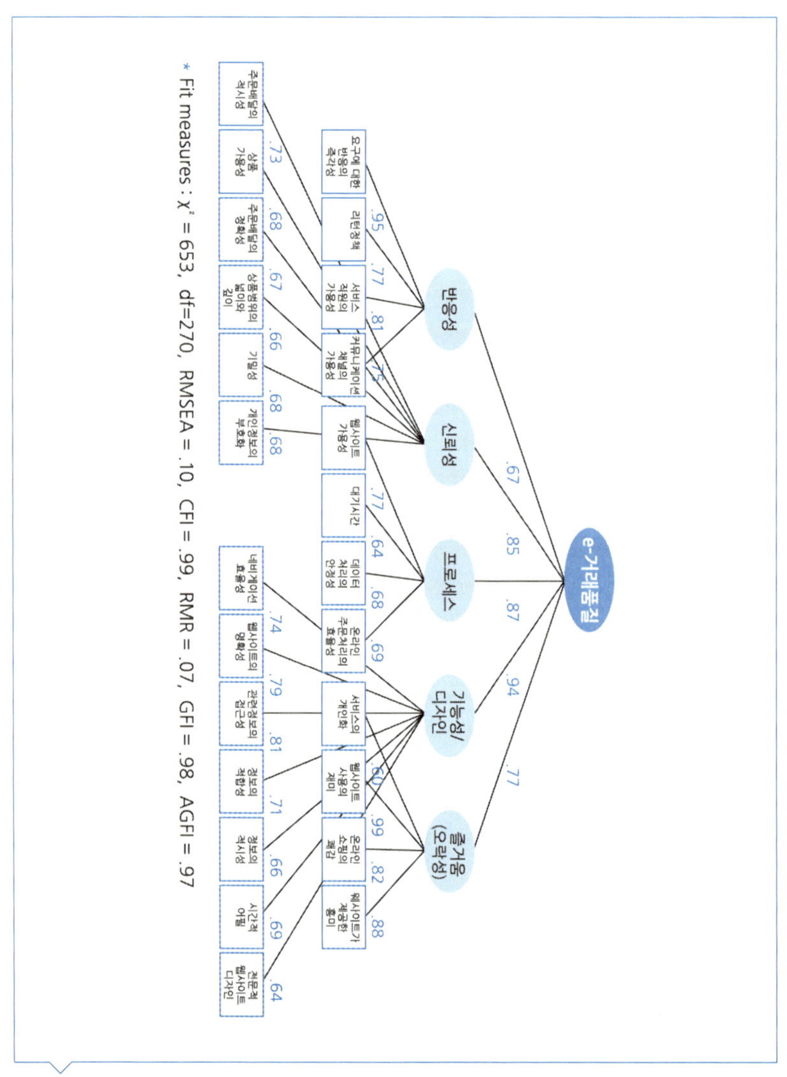

Bauer는 2006년 eTransQual 모형을 제안하였다. 반응성, 신뢰성, 과정, 기능성/디자인 및 즐거움 등의 요인들과 각 요인의 하위영향 요소들을 기반으로 하여 e-서비스 품질을 측정하는 eTransQual 모형을 제안하였다.

5) 콜리어 · 비엔스탁 모형Collier & Bienstock, 2006

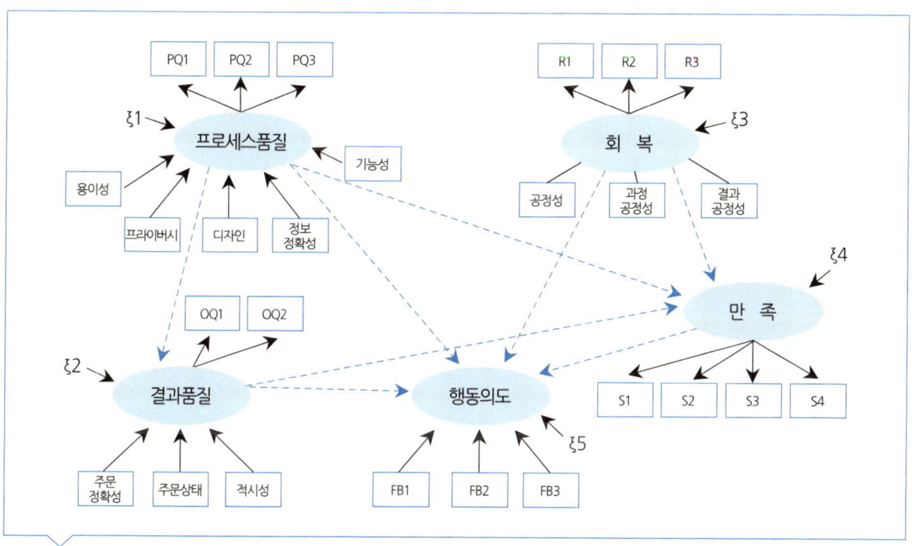

Collier와 Bienstock은 2006년 e-서비스품질 모형을 그림과 같이 제안하였다. 과정품질Process quality은 결과품질Outcome Quality과 고객의 행동의도Behavioral Intention 및 고객만족에 영향을 준다. 결과품질은 고객의 행동의도에 영향을 주며, 서비스 회복Recovery은 고객의 행동의도 및 고객만족에 영향을 주게 되며, 고객만족 또한 고객의 행동의도에 영향을 주는 요소로 분석하고 있다.

e-서비스품질에 대한 선행연구 분석결과, e-서비스품질 모형과 요소에 관하여 연구자들은 보편적으로 전통적인 소프트웨어와 서비스품질 모형을 신뢰하고 이를 토대로 관련 요소들을 e-서비스에 적용하고 있다. 흥미로운 결과로는 어떤 종류의 e-서비스에도 적용할 수 있는 그러한 e-서비스품질 모형을 발견할 수 없었다는 점이다. 연

구자들은 이미 다양한 e-서비스 상황에 맞춘 상당히 많은 품질 모형을 제기해 왔다. 그러나 이 분야에 대한 지속적인 연구가 필요한 것은 자명한 사실이다.

종합정리학습 및 토의과제

❶ 용어에 대한 이해

- e-서비스품질
- e-서비스품질차원
- e-서비스품질 측정
- e-서비스와 e-Commerce

종합정리학습 및 토의과제

❷ 토의과제

- e-서비스품질은 무엇으로 결정되며, 그 구성요소는 무엇인가?

- 서비스품질 인식과 e-서비스품질 인식은 무엇이 공통적이며, 무엇이 차이가 있는가?

- 서비스산업뿐만 아니라 제조업에서도 e-서비스가 존재하는가? 그렇다면, 그 e-서비스 채널은 어떤 것이 있으며, 무엇이 주류가 되고 있는가?

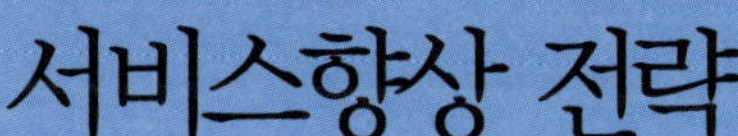

CHAPTER 13 서비스산업과 서비스품질관리

CHAPTER 14 품질인증제도

CHAPTER 15 서비스시스템 설계와 운영관리

CHAPTER 16 서비스마케팅

THEORY
OF
SERVICE

서비스산업과 서비스품질관리

01. 서비스산업 내의 서비스품질평가 사례

서비스에 대한 품질평가는 서비스 경쟁력이 핵심적인 경쟁요소의 하나로 인식하여 서비스향상을 위한 전략적인 선택과 추진을 위해 중요한 시발점이 된다고 할 수 있다. 그러나 무형성, 이질성, 소멸성, 비분리성 등 서비스의 특성과 함께 서비스산업 내의 업종과 환경에 따라 많은 차별성을 갖고 있어, 이에 대한 평가가 쉽지 않다. 많은 학자와 연구자에 의하여 보편적인 서비스품질평가 모형에 대한 시도가 있어 왔으나 나름의 한계와 제한점을 포함하고 있다. 그런데 업계에서는 서비스의 중요성에 대한 높은 인식을 바탕으로 서비스전략 수립을 위해 다양한 방법으로 평가가 현실적으로 수행되고 있으며, 이는 타 산업의 품질평가가 그러하듯 많은 시사점을 제공하므로 이에 대한 고찰 또한 중요한 의미를 갖는다.

1) 페덱스Federal Express의 사례

택배산업의 대명사격인 페덱스는 보다 포괄적이면서 전향적으로 고객만족과 서비스품질을 측정하는 12가지 항목의 서비스품질지표SQI : Service Quality Indicator를 개발하여 시행함으로써, 말콤 볼드리지상을 수상했다.

표 13.1 페덱스의 서비스품질지표(SQI)

구성요소	가중치
제날짜이지만 늦은 배달	1
다른 날짜에 배달	5
어디쯤 배달되고 있는지 답하지 못함	1
불평 재발	5
배달확인을 빠뜨림	1
배달관련 서류 수정	1
수령 실수	10
수하물 손상	10
수하물 분실	10
비행기 지연(분단위로 계산)	5
배달기한이 지난 수하물	5
취소전화	1

자료 : "Taking the Measure of Quality," Service Savvy, March, 1992, p.3.

페덱스의 SQI가 타기업과 차이가 있는 것은 고객피드백에 중점을 두고 있다는 점이다. 1980년대 이래 고객 불만을 기록해 왔으며 이를 내부 프로세스 개선에 활용해 왔으며, 그리하여 1988년에 페덱스 SQI를 개발하게 되었다. 동 SQI는 오류의 비율이 아니라 빈도수를 보고한다. 그 구성요소 상에서 가중치는 고객이 부여한 것이며, 택배서비스 상 중요 요소들인 수령 실수, 수하물 손상, 수하물 분실 등은 가중치가 10의 비중으로 배정되어 있다.

페더랄 익스프레스의 서비스품질평가

고객불만 요소	설 명	가중치(A)	건수(B)	요소별 지수 (A×B)
화물 분실	화물 자체의 분실, 내용물 도난	10		
화물 손상	드러나거나 드러나지 않은 손상, 젖은 화물, 날씨 탓으로 인한 손상 모두	10		
배달날짜 지연	배달약속 날짜를 못지킴	5		
정시인수 실패	약속된 시간에 배달될 물품을 인수하러 가지 못함	3		

고객불만 요소	설　명	가중치(A)	건수(B)	요소별 지수 (A×B)
추적 불능	COSMOS 정보시스템을 통해 배송물품의 현위치를 파악할 수 없음	3		
불만 재발	제기된 불만이 만족스럽게 해결되지 못해 재차 불만이 제기됨	3		
배달시간 지연	약속된 날짜에 배달하였으나 배달약속을 못지킴	1		
송장수정 요청	수정요청의 수용여부에 상관없이 고객의 수정요구 자체를 문제로 파악	1		
고객의 배달확인 누락	모든 대금청구서에 대해 고객의 확인을 받아야 함	1		
서비스품질 지수(SQI)	–	–	–	SQI(∑A×B)

- 정시 배달률 99.5%의 의미 : 99.5% 정확성 vs. 10,000개의 지연, 부정확 배달(2백만 기준)
- 기존의 정시 미배달 수량의 % 표시법에서 전체 미배달량의 정확한 수량 표시로 방법을 전환, 이를 지속적으로 종업원들에게 공개
- 99.5%의 배달률에 만족하고 있었던 직원들에게 QUALITY의 중요성을 다시 한번 인식시키는 작용

2) 사우스웨스트항공Southwest Airline

- 결과 품질 중시
- Ticketless Flying
- 높은 수익성 달성
  - 정시 도착 1위
  - 수화물 분실 컴플레인 최소(승객 천 명 당)

3) 아메리칸 익스프레스American Express

- 과정품질 중시 : 숙련되고 능숙한 직원에 의한 신속처리

- 고객만족과 수익성을 직접적으로 연관시킴

4) 리츠칼튼호텔Ritz-carlton Hotel의 SQI

리츠칼튼호텔은 페덱스의 서비스품질 지표를 참고하여 자체적인 서비스품질 지표를 작성하였다. 호텔 운영에서 발생할 수 있는 12가지 가장 심각한 결점을 추출하고, 심각성 정도에 따라 가중치를 부여했다.

표 13.2 리츠칼튼호텔의 서비스품질지표(SQI)

품질요소	점수(가중치)
고객선호를 파악하지 못함	10점
미해결 불평	50점
부적절한 객실관리	1점
포기한 예약전화	5점
객실 변화	5점
고장 난 객실비품	5점
준비되지 않은 객실	10점
어울리지 않는 호텔외관	5점
회의를 하기 어려움	5점
부적절한 음식/음료	1점
분실하고 손상된 고객자산/이렇게 한 사건	50점
요금청구서 조정	3점

자료 : Malcolm Baldrige National Quality Award, 1999 Application Summary for The Ritz-carlton Hotel Company, 2000.

12가지 서비스품질지표의 각 항목별 점수를 모두 곱하여 총점수를 내고, 그것을 작업날짜로 나누어 하루의 평균적인 점수가치를 구하여 SQI를 산출했다. 이를 가지고 매일 직원과 커뮤니케이션 한다(Malcolm Baldrige National Quality Award, 1999 Application Summary for The Ritz-carlton Hotel Company, 2000).

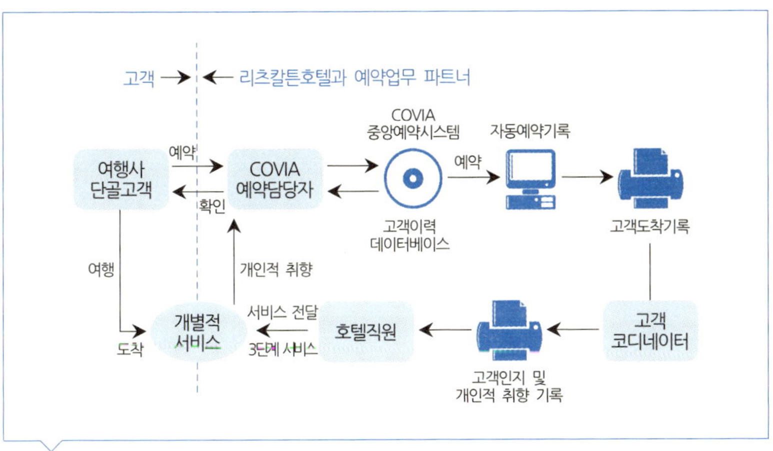

자료 : J. D. Barsky, World-class Customer Satisfaction, 1995.

그림 13.1 Ritz-carlton 호텔의 Customer Recognition Program

표 13.3 Ritz-carlton 호텔의 황금표준

신조		3단계 서비스
리츠칼튼 호텔은 고객을 진심으로 돌보고 편안하게 모시는 것을 최고의 임무로 삼는다.	THE RITZ-CARLTON	따뜻하고 진실하게 인사하고 가능한 한 손님의 이름을 불러라.
우리는 항상 따뜻하고 편안하면서도 세심한 분위기를 원하는 고객들에게 세련된 개인적 서비스와 시설을 제공할 것을 약속한다.	"우리는 신사숙녀를 모시는 신사숙녀이다."	고객의 요구를 미리 예견하고 그러한 요구에 부응하라.
리츠칼튼호텔은 고객이 말해주지 않는 요구와 소망까지도 찾아내어 충족시킨다.		작별인사는 다정하게 하라. 가능한 한 손님의 이름을 부르면서 따뜻한 작별인사를 나누라.

5) 미국국가항공조사연구소의 항공사 성과지수Performance Index

미국 위치타 주립대학Wichita State University의 국가항공조사연구소NIAR : The National Institute for Aviation Research에서 개발한 이 성과지수Performance Index는 항공서비스의 지각에 영향

을 주는 일련의 요소들을 포괄적으로 정의하고 있다. 이 지수에 따라 매년 미국의 모든 항공사들에 대한 등급을 산정하여 발표한다. 지수에 포함되는 요소로는 정시비행, 사고의 수, 비행문제, 조종사의 실수, 예약 초과, 잘못 처리된 수하물, 항공료에 대한 불평, 단골탑승자에 대한 보상, 기타 불평, 반환에 대한 불평, 서비스에 대한 불평, 항공권에 대한 불평 등 12가지 요소이다(Carroll, D., 1992).

02. 주요 서비스산업의 서비스관리

1) 항공운송업

(1) 대한항공(Sustaining Excellence 2014 대한항공 지속가능성 보고서, 홈페이지)

① Safety First nickname

Value for Excellence

1914년, 최초로 유료 승객을 태우고 바다 위를 날았던 민항기의 닉네임은 '안전우선 SAFETY First'이었습니다. 안전은 민간항공 출범 당시부터 최우선의 과제였고, 이러한 생각은 현재에도 유효합니다. 항공업계는 100년 동안 승객의 안전과 보안을 위한 다양한 노력을 기울여왔고, 나아가 고객에게 편리함, 안락함 같은 보다 더 큰 만족을 제공하기 위하여 다방면에서 진보를 거듭하고 있습니다.

② The First GCSI(글로벌고객만족도)

2013년, 대한항공은 GCSI(글로벌고객만족도) 9년 연속 1위를 비롯해 KCSI(한국산업의 고객만족도), KS-SQI(한국서비스품질지수) 등 대외기관이 선정한 다수의 고객만족도에서 1위의 실적을 거두었고, 15년째 무사고 운행을 기록 중입니다. 대한항공은 안전관련 인프라와 시스템에 대한 투자, 기재의 현대화, 그리고 고객 의견 청취와 서비스개선 노력을 꾸준히 지속해나가며 고객만족을 위해 노력하고 있습니다. 높은 운항정시성과 무사고 기록을 꾸준히 이어가고 있으며, 고객대상 만족도 조사에서도 좋은 결과를 나타내고 있습니다.

③ 고객서비스 부문 중요이슈

제품 · 서비스의 안전성 요구 증대 / 고객 안전 보건 / 제품 및 서비스 라벨링(고객만족) / 고객의 요구 다양화 / 건강 · 친환경 · 친사회 중시하는 소비자 증대

④ 고객서비스향상을 위한 대한항공의 노력

- 안전관리시스템SMS : Safety Management System 구축 운영
- 운항정시율 99.86%(세계항공사 평균 운항정시율 98.91%)
- 국제안전 Audit 프로그램IOSA : IATA Operational Safety Audit 인증 유지
- 고객의 말씀VOC 관리(약 6만 여건 접수)
- 고객서비스 개선을 위한 '서비스포럼' 운영
- 2013 글로벌고객만족도GCSI 조사결과 항공부문 9년 연속 1위
- 2013 한국서비스품질지수KS-SQI 조사결과 항공부문 2년 연속 1위
- 고객 보건관리 및 응급의료지원체제 구축 운영

(2) 아시아나 항공(고객만족경영 성과, 홈페이지)

① 서비스품질 관리 및 개선활동

1988년 창사 이래 현재까지 '최고의 안선과 서비스를 통한 고객만족'이라는 일관된 고객만족경영을 추구해 온 아시아나항공은 '고객만족경영'에 대한 최고경영층의 확고한 의지를 바탕으로 전 임직원이 합심하여 고객가치 제고를 위한 전략과 방향을 수립하고 고객지향적으로 체계화된 고객접점별 프로세스를

고객의 말씀(Voice Of Customer) 관리시스템 운영

설계하고 실행함으로써 '업계 최고의 서비스품질 수준'을 유지하고 발전시키시기 위한 노력을 하고 있습니다.

② 고객의 말씀Voice of Customer 관리시스템 운영

아시아나항공은 2013년 1월부로 New VOC시스템을 오픈하여 VOC처리 역량 강화, 고객 불만 사전예방 구현 및 체계적인 VOC 관리체계를 새롭게 마련하고 효율적이고 효과적인 서비스품질 관리 및 부적합서비스 개선에 만전을 기하고 있습니다. 또한 고객만족경영의 중요 관리지표로 칭송고객지수CSI : Customer Satisfaction Index와 불만고객지수Customer Complaint Index를 설정하여 최고 경영자와 임원들의 성과측정을 위한 주요 PM 항목으로 반영함으로써 서비스품질에 대해 경영진 및 전 임직원이 책임지는 서비스 책임경영을 구현하고 있으며, 고객이 제기하는 불편이나 요청사항을 서비스현장에서 실시간 해결하는 '고객불만 One Stop처리서비스' 및 고객니즈를 반영한 '고객불만 보상기준'의 운영은 고객의 충성도를 높이는데 크게 기여하고 있습니다.

③ 전직원 서비스품질 점검제도 운영을 통한 서비스품질 개선

아시아나항공은 효율적인 서비스품질의 진단 및 관리를 위해 다양한 '서비스품질 점검제도'를 운영 중입니다. 각 서비스접점 현장에 소속된 서비스품질 전문요원에 의한 서비스품질 점검 및 전 임직원 대상의 출장 시 탑승점검 결과는 최고경영층 및 관련팀에 지속적으로 보고되어 실시간 서비스품질 개선을 위한 자료로 활용되고 있습니다. 특히 전 임직원들의 국내 · 외 항공사품질 모니터링 결과는 차별화전략 수립의 중요 수단으로 활용되고 있습니다.

④ 고객만족도 조사를 통한 서비스품질 개선

아시아나항공은 제반 서비스품질 수준 및 고객니즈 파악을 위하여 정기적으로 '온/ 오프라인 고객만족도' 조사를 지속적으로 실시하고 있습니다. 당사 상용회원 및 홈페이지에 접속하는 고객을 대상으로 한 고객만족도 조사 및 국내 · 외 서비스품질평가 기관의 서비스품질 조사, Audit 등을 통하여 상시 서비스품질을 분석하고 그 결과를 서

비스개선 자료로 적극적으로 활용함으로써 세계 최고 수준의 서비스가 제공될 수 있도록 꾸준히 노력하고 있습니다.

⑤ 서비스품질 관리를 위한 전사적 회의체 운영

아시아나항공은 서비스전략 및 정책의 결정을 위한 최고 의사기구로 최고경영층 및 유관 임원, 부서장으로 구성된 '고객만족향상위원회'를 정기적으로 개최/운영하고 있습니다. 1997년 조직된 동 회의체는 고객만족경영 정책의 수립 및 시행, 고객서비스와 관련된 회사의 인력계획, 조직운영, 고객불만 재발방지 방안의 수립 및 시행 조치 등을 심의, 의결하는 회의체로서 고객만족경영 전반에 대한 인식을 공유하고 전사적 서비스개선 활동을 전개하는 주춧돌이 되고 있습니다.

특히 고객서비스 제공기준 및 절차에 대한 부서 간의 의견 조율이나 서비스품질 정책수립에 있어 신속한 의사결정이 필요한 안건에 대해서는 동 회의체에서 최고경영층이 직접 의사결정을 함으로써 신속하고 효율적인 서비스품질 관리를 추진해 나가는 중추적 역할을 담당하고 있습니다.

03. 항공사 서비스품질 측정연구

항공서비스품질 측정방법은 연구자와 연구목적 및 방법에 따라 다양하다. 크게 구분하여 보면, 품질 측정을 위한 품질 기초자료의 확보방법에 따라 항공 관계 당국이 발표하는 공신력이 있는 데이터를 기반으로 하여, 운항 정시성, 초과예약, 수하물 사고, 고객 불만 등 구분된 품질지표에 대한 가중치나 비율(%)을 토대로 개관적인 자료에 의해 산출하여 발표하는 방안과 고객이 인지한 만족도 등 개인적이고 주관적인 고객의 판단과 반응을 종합하여 품질을 측정하는 방법으로 대별할 수 있다.

표 13.4 항공사 서비스품질 측정연구

연구자 / 기관	연구 기초자료	연구개시 및 주기	연구영역	품질구분	내 용	제한점
Bowen & Headley	USDOT 발표자료 (1987년부터)	1991 이후 매년	AQR (Airline Quality Rating)	정시성, 초과예약, 수하물사고, 고객불만 (참고 : www.aqr.aero)	품질 4부문 가중치 부여점수화 – 순위 발표	운영정보의존으로 고객인지수준과의 괴리발생 문제
Rhoades & Waguespack	USDOT 발표자료 (1987년부터) 및 EU-AEA (2006년부터)	매년	미국 6개사와 EU 6개사	정시성, 운항취소, 수하물사고	항공편정시 도착률(%), 스케줄 대비 실 운항률(%), 수하물 사고율(%)	12개사로 제한된 점(LCC 및 지역별 국적사 제외됨)
Sultan & Simpson	–	2000 (1회)	5개 항공사	SERVQUAL의 항공부문 적용	신뢰성이 중요, 기대와 지각의 국적별 차이 있음	후속연구 부재(1회성)
Karankitikorn	–	2004	타이항공	국내선과 국제선 서비스		1개사 국한(1회성)
J. D. Power사	–	2005 매년	11개 미국 항공사	www.jdpower.com 웹 수집	1,000점 만점기준 점수순위	신규 LCC 및 외항사 제외
Zagat Research사	–	2005	미국 국내선, 미국 취항 국제선사 구분	www.zagat.com 안락성, 서비스, 식음료, 웹사이트 등 4개 부문	품질 4부문 점수화	품질구분의 적절성 문제
Conde Nast Traveller사	–	2004 이후	전세계 항공사	www.cntraveller.com 구독자 선정 올해의 항공사 발표	단거리 레저, 장거리 레저, 상용, LCC	구독자 반응의 객관성 문제(구독자 편재성,특정 국가, 지역성)
Skytrax사	–	1999 이후	전세계 항공사	www.airlinequality.com(웹을 통한 고객반응 수집)	9개월간 1,300만명 반응수집 올해의 항공사 발표(수개부분)	구독자 반응의 객관성 문제(구독자 편재성, 특정국가, 지역성)
IATA	IATA	매년	전세계 항공사		여가시장과 상용시장 구분 결과발표 (지역별 구분)	초고가격으로 일반인 접근성 문제 $2250–6500

자료 : Waguespack et al., 2007 참조 저자 재정리

종합정리학습 및 토의과제

❶ 용어에 대한 이해

- 서비스품질 지표
- 성과지수
- 정시성
- 초과예약
- 가중치

종합정리학습 및 토의과제

❷ 토의과제

- 서비스품질 지표는 무엇이며, 서비스산업에 주는 의미는 무엇인가?

- 호텔산업에서 중요한 서비스품질 요소는 무엇인지, 리츠칼튼호텔의 경우를 들어 설명하시오.

- 대표적인 서비스산업인 항공사에 있어서 중요하게 관리하는 품질요소는 무엇인가?

- 서비스품질관리를 위해 추출된 서비스품질요소에서 가중치를 두는 이유는 무엇인가?

품질인증제도

제조업을 기반으로 한 상품과 서비스산업의 대외적 경쟁력의 핵심적 요소인 품질 문제의 중요성에 대한 각국의 인식은 국가적인 품질 향상 노력과 함께 이를 제도적으로 뒷받침하게 되었으며, '국가품질상'을 제정하여 장려하게 되었다. 이러한 국가품질상의 평가 및 심사기준은 TQMTotal Quality Management을 중심으로 품질경영의 체계적인 관리요소들을 반영하고 있기 때문에 제조업뿐만 아니라 서비스산업에도 많은 시사점을 주고 있다. 주요한 국가품질상에 대하여 그 심사기준을 중심으로 살펴본다.

01. 국제 및 주요국가 품질인증제

1) 미국의 국가품질상MBNQA : Malcolm Baldrige National Quality Award

미국 상무성 장관인 말콤 볼드리지가 제안하여, 1987년 8월 제정되었으며 품질에 탁월한 성과를 보인 기업에 대해 시상하고 있다. 현재 본 상의 심사는 미국 상무부 국가표준기술원NIST : National Institute of Standards and Technology에서 주관하며, 미국 전체의 best practice를 만드는데 기여하고 있다. 말콤 볼드리지상의 시상부문은 6개 부문으로, 제조 비즈니스, 서비스 비즈니스, 소기업 비즈니스, 교육조직, 보건조직, 비영리조직 등의 분야이며, 서비스부문을 별도로 시상하는 점이 유럽의 품질상이나 데밍상과 비교하여 독특하다(NIST, 2007).

표 14.1 말콤 볼드리지상 심사기준

심사항목	배　점
1. 리더십	(120)
1.1 경영진의 리더십	70
1.2 지배구조와 사회적 책임	50
2. 전략기획	(85)
2.1 전략의 개발	40
2.2 전략의 전개	45
3. 고객과 시장중시	(85)
3.1 고객과 시장지식	40
3.2 고객관계와 고객만족	45
4. 측정, 분석 및 지식경영	(90)
4.1 측정, 분석 및 조직성과의 개선	45
4.2 정보, 정보기술 및 지식경영	45
5. 인적자원 중시	(85)
5.1 인적자원관리 체계	45
5.2 인적자원복지와 근무환경	40
6. 프로세스관리	(85)
6.1 업무시스템 설계	50
6.2 업무프로세스 관리 및 개선	35
7. 경영성과	(450)
7.1 제품 및 서비스 성과	100
7.2 고객중시 성과	70
7.3 재무 및 시장 성과	70
7.4 인적자원중시 성과	70
7.5 프로세스 효과성 성과	70
7.6 리더십 성과	70
합계 : 총 18개 항목	1,000

자료 : NIST, 2007.

2) 유럽의 품질상EFQM : European Foundation for Quality Management

유럽의 14개 선도기업에 의해 1988년 창립된 비영리조직인 EFQM은 2009년 초 현재 24개국 유럽 내 800여개 회원사를 보유하고 있으며, 유럽기업의 품질향상에 기여하고 있다. 시상부문은 4개 부문이며, 대기업(종업원 250명 이상), 운영조직(대규모 회사의 특정 운영단위체), 공공부문, 중소기업(종업원 250명 미만 기업 전체 또는 사업단위체) 등으로 구분하여 시행한다(EFQM, 2009).

표 14.2 EFQM 심사기준

EFQM 우수상 모델		
항 목	소항목 수	비 중
1. 리더십	5	10%(세부항목 각 20%)
2. 정책 및 전략	4	8% (세부항목 각 25%)
3. 종업원	5	9% (세부항목 각 20%)
4. 파트너십 및 지원	5	9% (세부항목 각 20%)
5. 프로세스	5	14%(세부항목 각 20%)
6. 고객성과	2(지각측정치, 성과지표)	20%(세부항목 75, 25%)
7. 종업원 성과	2(지각측정치, 성과지표)	9% (세부항목 75, 25%)
8. 사회적 성과	2(지각측정치, 성과지표)	6% (세부항목 25, 75%)
9. 핵심성과 수준	2(지각측정치, 성과지표)	15% (세부항목 50,50%)
총 32개 세부평가 항목		1,000점 만점

자료 : EFQM, 2004.

3) 일본의 품질상Deming Prize

일본과학기술자연맹JUSE : The Union of Japanese Scientist and Engineers은 1950년에 미국 품질학자인 W. Edwards Deming을 초청하여 일본 산업체의 경영자와 관리자 및 엔지니어들을 대상으로 통계적 품질관리 교육을 실시하였으며, 1951년 그의 업적을 기리기 위해 데밍상을 제정하였고, 매년 지속되는 시상제도는 일본의 품질경영의 기반을 조성하는데 크게 기여하였다. 시상부문은 데밍 개인상, 데밍 응용상, 운영사업단위 품질관리상의 3부문으로 구분하여 시상하고 있다. 1990년대 말부터 데밍상 수상 기업이 일본에 국한하지 않고 동남아 기업으로 확대되고 있다.

표 14.3 데밍상 시상제도

시상부문	내 용
데밍 개인상	TQM 연구 및 이에 사용되는 통계적 기법 연구에 기여한 개인 혹은 TQM 확산에 공헌한 개인
데밍 응용상	당해년도 TQM의 응용을 통한 성과개선 기업 혹은 기업 내 사업단위
운영사업단위 품질관리상	당해년도 TQM 추진을 목적으로 품질관리 및 경영의 응용을 통해 성과 개선을 이룬 기업의 운영사업단위
일본 품질메달	수상기업 중 데밍상위원회의 설정지침으로 노력한 기업

자료 : The W. Edwards Deming Institute, http://deming.org, 2009.

데밍상의 심사는 데밍상 위원회가 주관하며, 데밍 응용상의 심사과정은 TQM의 적용을 통한 성과개선의 달성정도에 주안점을 두고 있으며, 이에 대한 해당기업의 지원에 따라 위원회가 검사하여 점수화하며 합격점수를 초과하면 수상 기업이 된다. 지원기업은 경영원칙과 산업유형, 사업범위 및 사업 환경을 반영하여 고수준의 고객지향적인 경영목표와 전략을 설정하고 있어야 하며, 이를 달성하기 위한 TQM이 적절하게 시행되고, 이의 결과로 뛰어난 성과가 달성되어야 한다.

4) 한국의 국가품질상

국내의 경우 1975년도 제1회 전국품질관리대회를 실시하고 국무총리 명의로 국가품질상인 품질관리상과 분임조상을 시상하였고, 1989년 대통령상으로 격상하여 품질경영상으로 명칭을 변경하고, 생산혁신상, 가치혁신상 등 전문상 부문을 추가하였다. 2000년에 품질경영상을 국가품질상으로 명칭을 변경하였고, 당해에 개최된 제26회 대회부터 국가품질경영대회로 명명하였다(KSA, 생산혁신팀, 2003).

국가품질상 시상제도는 기업체 부문(종합상인 한국품질대상 및 품질경영상과 8개 부문의 전문상), 유공자 부문, 단체 및 개인 부문으로 구분되어 있다(지식경제부, 제34회 국가품질경영대회 포상안내, 2008).

종합상인 한국품질대상 및 품질경영상의 심사기준은 전기한 말콤 볼드리지상의 심사기준과 같이, 7개 부문 18개 소항목 1,000점 만점으로 설정되어 있다. 2002년도

부터는 서비스혁신상이 추가되어 서비스품질 향상에 기여한 업체, 공장, 사업부문을 선정하여 시상하고 있다.

표 14.4 한국국가품질상 서비스혁신상 부문 심사기준(2008년 서비스혁신상 심사기준)

심사항목	배 점
1. 서비스 리더십과 서비스혁신 전략수립	(200)
1.1 서비스 경영철학과 비전	50
1.2 사회적 책임과 공헌	50
1.3 서비스혁신 목표 및 전략개발	50
1.4 서비스혁신 전략의 전개	50
2. 서비스혁신 문화구축	(160)
2.1 조직의 서비스혁신 문화	50
2.2 직원의 의견 반영	50
2.3 성과평가 및 보상시스템	60
3. 서비스 표준관리	(160)
3.1 고객의 소리 반영	60
3.2 서비스표준의 설정	50
3.3 서비스표준 매뉴얼의 관리	50
4. 서비스 프로세스 관리	(160)
4.1 서비스개발 프로세스 관리	50
4.2 서비스전달 시스템 관리	50
4.3 서비스전달 인적자원의 관리	60
5. 서비스혁신 성과관리	(170)
5.1 신 시장 개척 및 신 서비스의 개발	60
5.2 신 서비스 프로세스의 개발 및 성과	50
5.3 기존 시장 및 서비스의 보완과 개선	60
6. 서비스 경영성과	(150)
6.1 재무성과	60
6.2 마케팅 성과	60
6.3 기타 경영성과	30
합계 : 총 19개 항목	1,000점

자료 : 한국표준협회(KSA), 2008.

5) ISO 9000

국제표준화기구International Organization for Standardization에 의해 제정된 ISO 9000과 ISO 14000은 160여개국 61만여 기구에 의해 실행되고 있다. ISO 9000은 B2B 거래에서 품질관리 요구사항에 대한 국제적인 기준이 되었고, ISO 14000은 기업들의 환경관리 관련 요구에 대한 기준이다. ISO 9000은 초기에 상품을 설계, 생산, 인도 및 지원하기 위해서 기업의 경영시스템을 정의하고 실행하기 위해 개발되었다.

이는 특정상품이나 기술의 규격과 관련된 표준을 규정한 것이 아니라, 우수한 품질의 제품이나 서비스를 생산하는 경영시스템을 구축하기 위한 표준을 제공하는 것이 목적이다. ISO 9000은 단위조직이 제품과 서비스를 만족스럽게 고객에게 제공할 수 있는 역량을 가진 경영시스템을 보유하고 있다는 증거를 고객에게 제공하기 위해 채택하는 표준이라고 설명할 수 있다.

ISO 9000이 지향하는 품질경영의 원칙은 8가지 형태로 제시되고 있다(ISO, 2009).

① 고객중시 : 현재와 미래의 고객요구를 이해하고, 요구사항을 충족시키며, 고객의 기대를 초과할 수 있도록 노력해야 한다.

② 리더십 : 조직의 목표와 방향을 설정하고, 조직목표 달성을 위해 조직원의 적극적인 참여를 창출하는 내부 환경을 조성하고 유지하는 노력을 해야 한다.

③ 조직원의 참여 : 각 계층의 조직원들이 적극적으로 참여하여 자신들의 능력을 조직목표 달성에 발휘하도록 해야 한다.

④ 프로세스적 접근 : 자원과 활동을 하나의 프로세스로 관리함으로써 효과적인 결과를 도출할 수 있도록 한다.

⑤ 시스템적 경영 : 상호 관련된 프로세스들을 하나의 시스템으로 인식하고 관리할 때 조직목표를 효과적이고 효율적으로 달성할 수 있다.

⑥ 지속적인 개선 : 조직의 성과를 지속적으로 개선하는 것을 조직의 목표로 하여야 한다.

⑦ 의사결정에 대한 사실적 접근 : 효과적인 의사결정이 되려면 자료와 정보의 분

석에 기반해야 한다.

⑧ 호혜적인 공급업체 관계 : 조직과 공급업체는 상호의존적이므로 상호 유익한 관계를 유지해야만 가치창출 능력을 제고할 수 있다.

ISO 9000은 특히 EEC 지역에서 이 기준을 회원국가 내에서 사업을 하기 위한 하나의 전제조건으로 하고 있어 글로벌 적용이 신속하게 이루어져 결정적인 비즈니스 표준이 되었고, 이것이 일종의 자격조건화 하였다. 그러므로 기업들이 품질개선에 도움이 된다는 신뢰의 정도와 무관하게 무조건적인 인증을 획득하려 노력하게 되었다. 나아가 이는 ISO 9000 품질기준과 표준을 실행하는 프로세스와 품질개선을 통한 이점이 중요하다는 인식과 함께 하게 되었음은 물론이다.

02. 우리나라의 서비스품질인증

1) KS-SQI

“KS-SQI(Korean Standard-Service Quality Index) 소개”

KS-SQI

“서비스품질의 바로미터” KS-SQI

KS-SQI(Korean Standard-Service Quality Index, 한국서비스품질지수)

KS-SQI는 한국표준협회(KSA)와 서울대학교 경영연구소가 우리나라 서비스 산업과 소비자의 특성을 반영하여 공동개발한 모델로 해당기업의 제품 및 서비스를 구매하여 이용해 본 고객을 대상으로 서비스품질에 대한 만족도 정도를 조사하여 발표하는 서비스 산업 전반의 품질수준을 나타내는 종합지표

KS-SQI는 서비스품질 수준을 과학적으로 측정할 수 있는 모델로, 2000년 개발되어 한국마케팅학회 춘계 학술대회 및 마케팅연구, 한국서비스경영학회지 등에 발표하여 이론적 검증을 받았으며, 매년 한국표준협회와 중앙일보가 공동으로 조사 발표

자료 : 한국표준협회(KSA)

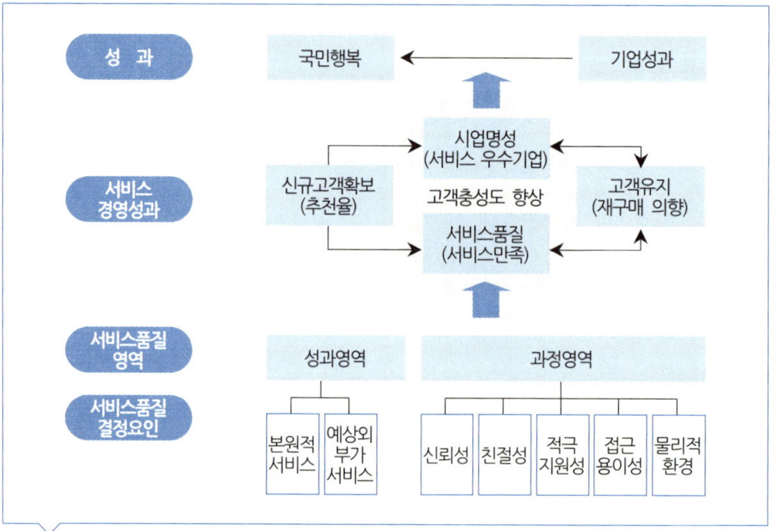

KS-SQI 모델(서비스품질관리시스템)

2) KS-SQI 모델개발 배경 및 목적

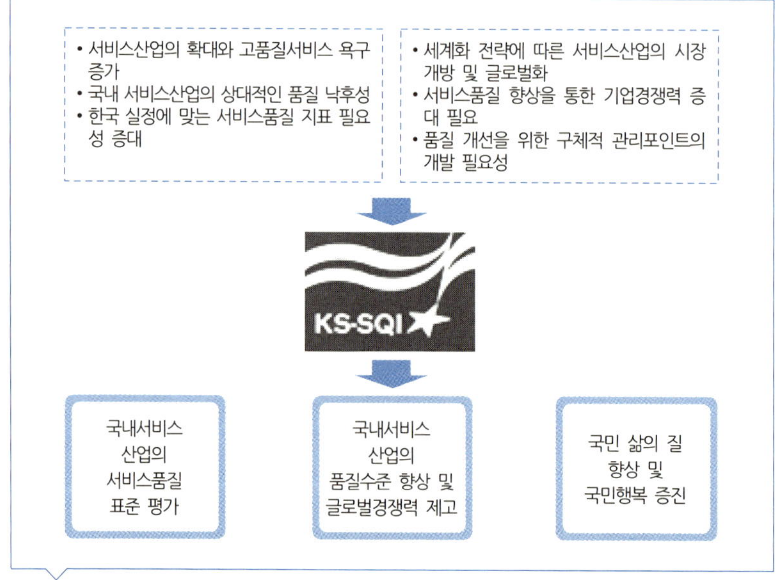

3) 서비스산업 동향

① 서비스산업이 국내 경제성장과 고용에서 차지하는 비중은 2012년 GDP 비중 60.3%, 2013년 고용 비중 77.2%, 2012년 전체 산업체의 86.8% 이상을 차지하며, 서비스산업의 중요성은 점차 증대 국내 서비스업의 노동생산성은 제조업 대비 56%로 OECD의 평균 93%에 비해 상당히 열악한 수준(2005년, OECD Economic Survey).

② 한국을 100으로 보았을 때 미국과 일본이 각각 228, 200으로 선진국에 비해 현저히 낮으며, 서비스산업의 낮은 노동생산성은 대외경쟁력 약화의 주요원인

③ 세계 서비스 교역 규모(2004년 2조1,250억불)는 2010년경에 상품 교역 규모를 초과하여, 사실상 국가경쟁력을 좌우할 것으로 예상되며, 미국의 경우 2000년 이후 상위 7개 업종이 국가경제의 75%를 주도하는데, 이 중 도·소매, 금융, 의료, 공공부문 등 5개 업종이 서비스산업에 해당

④ 선진국은 GDP와 고용의 2/3 이상을 금융, 관광 등의 서비스산업에서 창출

표 14.5 서비스산업 비중(2003)

구 분	한 국	체 코	일 본	프랑스	미 국	OECD
GDP(%)	57.2	58.5	68.0	73.6	76.5	66.8
고용(%)	63.6	55.8	66.6	73.9	78.3	66.6

⑤ 서비스산업의 국내 수요가 해외로 이탈함으로써, 서비스부문 무역수지 적자폭이 지속적으로 증가하면서, 서비스산업의 기반이 매우 취약한 상태

4) KS-SQI 조사대상기업

(1) 선정기준

KS-SQI 조사대상 기업의 선정 원칙은 선정된 산업 내 모든 기업을 포함하는 기본으로 하되, 한국표준산업분류 기준에 의거, 개정된 대분류 코드번호 G에서 Q까지에

해당되는 서비스업을 근거로 하여 다음과 같이 분류한다. 또한 해당업종 내에서의 매출액, 시장점유율, 사회적 인지도, 기업이미지 등을 고려하여 조사대상기업의 매출액 점유율 합이 70% 이상 되도록 상위기업들을 선정한다.

(2) 한국표준산업분류 기준에 의한 분류

도소매 서비스	백화점, TV홈쇼핑, 인터넷쇼핑몰, 인터넷오픈마켓, 편의점, 대형할인점, 인터넷서점, 대형서점, 주유소, 전자제품전문점, 헬스 & 뷰티스토어, 대형슈퍼마켓, 소셜커머스, 타이어전문점
금융 서비스	은행, 증권, 생명보험, 자동차보험, 장기보험, 신용카드, 저축은행, 체크카드
숙박/음식 서비스	호텔, 리조트, 제주리조트, 패밀리레스토랑, 패스트푸드, 제과점, 커피전문점, 씨푸드레스토랑
통신 서비스	국제전화, 이동통신, 인터넷 포털사이트, 초고속인터넷, 구인구직사이트, IPTV
운수 서비스	택배, 지하철, 고속버스, 렌터카, 제주렌터카, 여행사, 항공사, 저비용항공사
보건/건설 서비스	종합병원, 아파트
교육 서비스	학습지, 종합대학교, 지방국립대학교, 전문대학(서울시내), 사이버대학교, 외국어학원, 전문대학(경기/인천)
After Service	컴퓨터 A/S, 자동차 A/S, 정수기 A/S, 가전제품 A/S, 휴대전화 A/S, 가정용보일러 A/S
문화/전문 서비스	테마파크, 영화관, 공연장, 프로야구구단, 시설관리공단, 스키장, 무인경비서비스, 워터파크
공공 서비스	광역시청, 도청, 경찰행정, 세무행정, 검찰행정, 법원행정, 교육행정

자료 : 한국표준협회

종합정리학습 및 토의과제

❶ 용어에 대한 이해

- 품질인증
- TQM
- ISO 9000
- 품질결정 요인
- 주요국가 품질상 명칭

종합정리학습 및 토의과제

❷ 토의과제

- 주요국가의 품질상에 있어서 품질요소가 차이가 있으며, 그 가중치 또한 다르다. 그 의미는 무엇인가?

- 일본은 미국의 주요 품질 학자를 초빙하여, 국가적인 노력으로 품질 향상운동에 전념하였다. 이것이 일본경제에 어떤 영향을 주었으며, 이것이 주는 시사점은 무엇인가?

- 우리나라의 KS-SQI 개발과정에 있어서 이의 근간이 되는 품질 모형은 무엇인가? 이 품질 모형이 기여하는 점은 무엇이며, 품질 점수가 높다면 품질이 우수하다고 할 수 있겠는가?

서비스시스템 설계와 운영관리

01. 서비스접점 관리

1) 서비스접점MOT 개념

서비스접점MOT : Moment of Truth은 다음과 같이 협의와 광의적 개념으로 이해한다. 협의의 개념으로는 고객과 서비스 제공자 사이의 양방향Dyadic 간, 직접적인Face to Face 상호작용이 발생하는 순간으로, 고객과 서비스 제공자는 서로 특정 역할을 가지게 된다(Solomon, 1985; Suprenant and Solomon, 1987).

광의의 개념으로는 일정기간 동안 고객이 직접적으로 서비스와 상호작용하는 것이며, 서비스 제공자, 물리적 설비, 다른 가시적 요소들을 포함한 고객이 인지하게 되는 모든 대상과 접촉을 하는 것을 의미한다(Shostack, 1985). 서비스접점을 이해하던 개념을 더욱 확장하여 서비스기업의 모든 면이 고객과 접점을 형성하게 된다는 것을 의미하는 개념으로 파악하게 되었다.

2) 서비스접점MOT 중요성

서비스의 성공적인 제공은 서비스 제공자와 소비자가 서로 접촉하는 순간에 결정되므로, 서비스접점은 서비스 차별화, 품질통제, 전달시스템, 고객만족에 영향을 미치게 되며, 일반적으로 고객만족은 서비스 제공자와의 접점의 품질에 의해 결정된다(Solomon et. al., 1985).

고객과의 많은 접점 중에서 단 한 가지라도 나쁜 인상을 준다면, 그것으로 고객은 기업 이미지를 결정하게 된다. 아울러 MOT마다 그 자체로 품질이 인식되는 결정적 순간들이 쌓여 서비스 전체 품질을 결정하게 된다는 점에서 서비스산업에서 MOT의 중요성이 강조되어야 한다.

3) 서비스접점MOT의 특성

서비스산업에서 서비스 제공자와 서비스시스템을 이용하는 고객과의 접점은 다음과 같은 특성을 가지고 있다.

표 15.1 15.1 MOT의 특성

구 분	내 용
상호작용	서비스 제공자와 고객 간의 의사소통은 서로 영향을 준다.
양방향 거래	서비스의 거래는 서비스 제공자와 고객 두 객체 사이에서 이루어지는 모든 행위를 의미한다.
역할 실행	서비스접점에서 이루어지는 상호작용은 목적지향적, 직무지향적 성격을 갖고 있다.
접 촉	서비스성과에 대한 고객인식의 많은 부분이 서비스 제공과정에서 얻은 접촉에 밀접한 관계가 있다.

4) 서비스접점MOT과 고객반응

서비스는 서비스 공급자와 고객 간 상호작용으로 생산과 소비가 동시에 발생하며, 그 순간 발생하는 경험이 서비스를 평가하는 중요한 자료로 사용된다. 따라서 서비스 제공을 예약, 주문처리, 서비스제공, 사후관리 등 서비스 프로세스에서 고객은 기업이 제공하는 서비스를 인지하고 평가하게 된다. 서비스를 제공하는 과정에서 고객과 접촉하는 수많은 서비스접점이 존재하며, 그 접점에서 고객의 인식은 기업 전체의 이미지로 평가되거나 형성하게 된다.

표 15.2 서비스 실패와 고객반응

서비스 대기 및 지연	• 서비스속도는 고객의 서비스평가에 영향을 미치는 중요한 속성이다. • 서비스평가는 시간약속의 이행에 대한 평가에 직접적으로 영향을 받으며, 지연행위는 불확실성과 분노를 야기한다(Taylor, 1994).
불평 및 전환행동	• 불만족에 대한 소비자의 반응형태 (1) 아무런 행동이 나타나지 않을 수 있고 (2) 전환행동을 취하거나 (3) 불평을 토로하거나 (4) 타인에게 부정적인 구전을 한다. • 효과적인 불만처리 부정적 구전을 막고 궁극적으로 성과를 향상시킴(Tax et. al., 1998) • 고객전환 행동과 방지 (1) 가격, 불편함, 핵심서비스 실패, 서비스접점 실패, 서비스 실패에 대한 종업원 반응, 경쟁자에 의한 유인, 윤리적 문제 등에 의해 고객은 이탈한다(Keaveney, 1995). (2) 항상 정확한 서비스 제공, 서비스 회복의 체계적 실시, 대기시간의 관리, 시기적합한 서비스 제공, 예약시스템의 관리 등은 고객이탈을 감소시킨다.
서비스 실패와 회복노력	• 서비스실패의 의미 서비스를 제공하는 과정에서 발생하는 여러 실수들, 고객에 대한 약속 위반 등과 같은 서비스오류에 의해 고객이 불만족하는 상황을 의미한다. • 서비스회복 (1) 높은 수준의 서비스에 의해 만족하는 고객들보다 서비스회복에 의해 만족한 고객이 더 높은 수준의 고객충성도를 보유한다(Kelly and Davis, 1994). (2) 서비스회복 노력을 구성하는 요소들은 다른 어떤 요소들보다 고객의 만족에 더 큰 영향을 준다(Speng et. al., 1995).

02. 서비스 블루프린트

서비스 청사진Service Blueprint은 무형의 서비스 프로세스를 설계하고 상세하게 묘사하는 기법이다. 서비스를 제공하는 프로세스, 고객과 직원의 역할, 고객과의 접점, 그리고 서비스 제공에 필요한 물리적 요소를 그림으로 나타낸 것을 말한다. 서비스는 무형의 활동으로 구성되어 있고, 고객의 만족도 또한 상대적이기 때문에 새로운 서비스를 개발하는데 있어 서비스 제공 프로세스의 가시화는 대단히 중요하다. 또한 프로세스 청사진 작성에 의한 서비스 과정의 가시화는 기존 서비스 프로세스가 가지고 있는 문제점을 도출하고 새로운 서비스 프로세스를 설계하는데 도움을 준다. 서비스

청사진은 일반적으로 다음과 같은 구성요소로 이루어져 있다.

① 고객행위Customer Action 영역 : 서비스를 구매하여 소비, 평가하는 프로세스에서 고객이 행하는 선택, 행위, 상호작용 등을 포함한다.

② 일선 종업원의 행동 : 고객의 눈에 띄는 현장Onstage에 있는 접점직원의 행위를 포함한다.

③ 후방 종업원의 행동 : 접점직원을 지원하는 후방Backstage에 있는 접점직원의 행위를 포함한다.

④ 지원 프로세스Support Process : 서비스를 제공하는 접점직원 지원을 위하여 이루어지는 행위를 포함한다.

1) 서비스 청사진 사례

(1) 피부과 전문병원

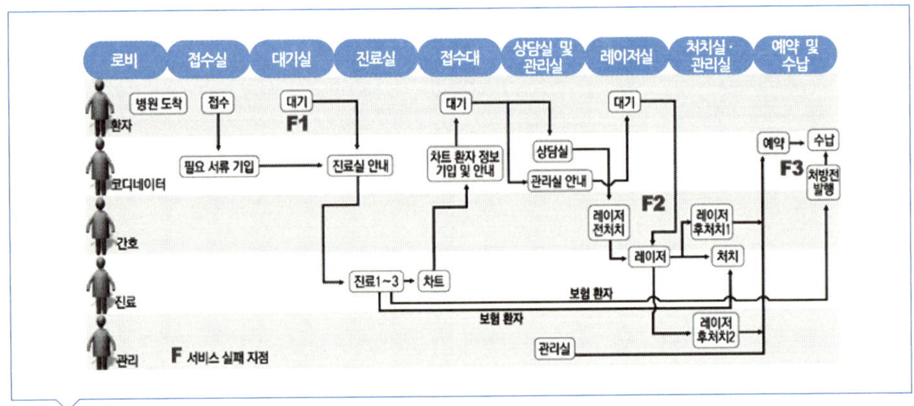

(2) 신경정신과

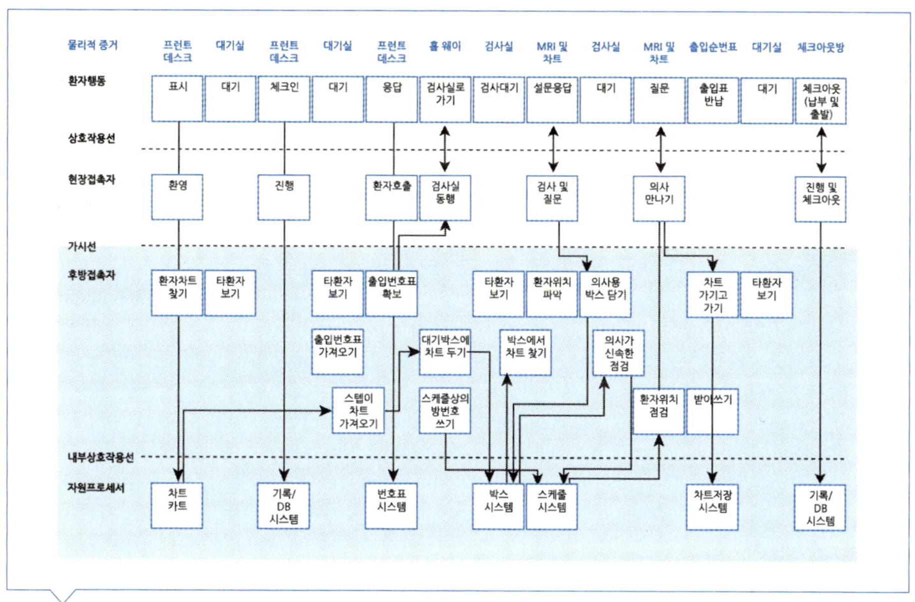

(3) 파리바게트

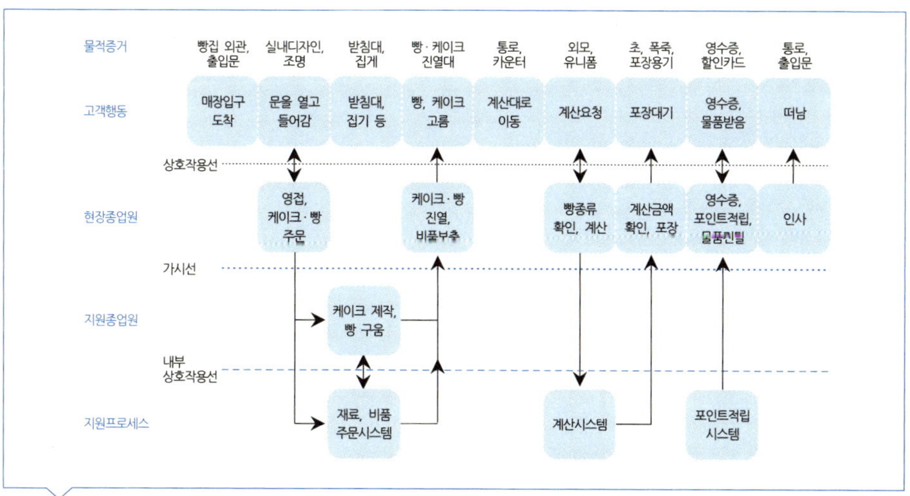

종합정리학습 및 토의과제

❶ 용어에 대한 이해

- 서비스시스템
- 서비스접점
- 서비스 블루프린트
- MOT
- 서비스실패
- 전환행동
- 서비스회복

종합정리학습 및 토의과제

❷ 토의과제

• 서비스에 있어서 MOT란 무엇이며, 이것이 왜 중요한가?

• 서비스접점 관리의 의미는 무엇이며, 서비스시스템 설계에 어떤 영향을 주는가?

• 서비스대기 관리는 무엇이며, 이를 관리하는 방안에 대해 설명할 수 있는가?

• 서비스 블루프린트는 서비스시스템 설계나 서비스향상에 있어서 어떤 기능을 하는가?

CHAPTER 16

서비스마케팅

서비스란, 사람들의 필요Needs를 충족시켜 주기 위해 인간 또는 설비와의 상호작용을 통해 제공되는 무형의 것을 말한다. 서비스마케팅은 서비스를 대상으로 하는 마케팅 활동이며, 서비스를 통해 고객의 필요와 욕구를 충족시키려는 개인 및 조직의 활동이다. 서비스라는 상품이 갖는 특징으로 인하여 마케팅 방법, 조직, 시스템 및 프로세스 등이 조금씩 달라진다. 서비스의 특성으로는 일반적으로 무형성Intangibility, 소멸성Perishability, 이질성Heterogeneity, 비분리성Inseparability 등을 말한다.

그러므로 서비스마케팅은 신뢰성 있는 서비스 제공으로 특정서비스에 대한 고객의 욕구충족을 통한 조직목표 달성을 위하여 마케팅믹스를 계획하고 실행하는 과정을 의미한다.

01. 서비스마케팅의 특성

1) 서비스 기본 특성에 따른 대응전략

구 분	대응전략	사 례
무형성	실체적 단서 제공	서울대졸업장, 사법고시 50명 합격
	구전 활용	우수고객 초청 간담회
	구매 후 커뮤니케이션 강화	CRM, 관계마케팅
비분리성	직원의 선발과 교육에 세심한 고려	
	철저한 고객관리	
	여러 지역에 서비스망 구축	프랜차이즈

구 분	대응전략	사 례
이질성	표준화	서비스매뉴얼
	개별화	학원의 성적별 클래스 운영
소멸성	수요와 공급 간의 조화	early bird할인, 조조할인

2) 서비스마케팅과 제품마케팅

구 분	서비스마케팅	제품마케팅
상품의 성격	행위, 노력	물건, 장치, 사물
생산과정에서의 고객 참여	서비스 직원과 협조	self-service(자신이 직접 서비스)
사람도 상품의 일부분	사람에 의존	설비나 기계에 의존
품질통제	생산과 소비의 동시성으로 품질통제 어려움	통제 가능
재고화	재고화 불가능	재고 가능
시간요인의 중요성	서비스를 받기 위해 기다리는 고객의 시간	중요성 낮음
유통 경로	짧은 유통경로	다양한 유통경로

02. 서비스마케팅믹스

표 16.1 제조업과 서비스업의 특성 비교

제조업	구 분	서비스업
유형, 내구적	산출물의 특성	무형, 보관 불가능
산출물에 대한 재고축적이 가능	재고의 보유	산출물에 대한 재고축적이 불가능
고객접촉이 적음	고객접촉	고객접촉이 많은
반응시간이 김	최초접촉 이후	반응시간이 짧음
지역, 국내, 국제시장	시장규모	국지적 시장
대규모설비	생산설비 규모	소규모설비
자본집약적	산업특성	노동집약적
품질측정 용이	품질	품질측정 곤란

1) 기본적 마케팅믹스

전통적 마케팅에서 4PProduct, Price, Place, Promotion는 1960년 McCarthy, E. J.Basic Marketing : A Managerial Approach에 의해 제안되었다. 그 요소로는 제품관리, 가격관리, 유통경로관리, 촉진관리로 구분하며, 각각의 마케팅 요소들을 조합하여 시장전략을 수행하게 되며, 이러한 요소들의 다양한 조합들을 마케팅믹스라고 한다.

① 제품관리Product Management

제품은 마케팅믹스의 가장 중요한 요소이다. 제품전략은 제품믹스, 제품계열, 브랜드, 포장 등에 대한 종합적 의사결정을 의미한다. 제품이란 고객의 욕구를 충족하기 위해 시장에 제공되는 그 무엇이다. 출시되는 자동차, 의복, 서적 등과 같은 유형제품과 서비스 상품 등을 의미한다.

② 가격관리Price Management

최근 마케팅에서는 비가격적 요소의 역할이 강조되고 있으나, 가격은 마케팅믹스의 주요요소이다. 가격 차별화는 지역적으로, 시공간적으로, 세분시장별로 다양하게 구사할 수 있다. 가격은 마케팅의 4P중 다른 마케팅 요소에 비해 그 효과가 단기간 내에 신속하게 반응하기 때문에 자주 활용되는 요소가 된다.

③ 유통경로관리Channel Management, Place

생산된 제품을 고객에게 전달되는 경로와 과정을 의미한다. 생산자가 직접 소비자에게 제공하는 방법 이외에 유통경로상에 있는 중간상들을 활용하는 간접 판매 유통망을 다양하게 활용하게 된다. 보다 효과적이고 효율적으로 제품이나 서비스를 고객에게 전달하는 것이 중요하다.

④ 촉진관리Promotion Management

촉진관리란 생산자 또는 영업부문이 자사의 제품과 서비스의 혜택을 소비자에게 확산하기 위해 구사하는 제반 판매촉진 전략 활동을 의미한다. 광고, 판촉, 홍보, DMDirect Mail, 인적 판매 등이 포함된다.

2) 확장된 마케팅믹스(7P)

전통적으로 제품Product을 대상으로 한 마케팅에 있어서는 상기에서 살펴 본 바와 같이 마케팅믹스로 4P를 사용하여 설명해 왔다. 그러나 서비스 산업에 있어서는 서비스가 가진 특성인 무형성, 비분리성(생산과 소비의 동시성), 이질성, 소멸성(비저장성) 등의 특성요인으로 인하여 기존의 4P로는 해결책이 되지 못하는 한계를 지니게 되었다. 따라서 서비스의 무형적 특성으로 인해 서비스를 경험하기 전에 유형적인 물리적 증거로서 서비스 시스템의 물리적인 환경인 설비의 최신성이라든지 직원 유니폼의 깨끗함 등의 요소로 고객의 지각과 경험에 영향을 주려고 하게 된다. 그러므로 이러한 부가적인 영향요인의 중요성이 강조되면서 마케팅믹스 요소의 확장을 가져왔다. 추가적인 변수로는 프로세스Process, 사람People : 종업원과 고객, 물리적 증거Physical Evidence를 들고 있다. 7P는 1981년 Booms와 Bitner에 의해 제안되었다Marketing Strategies and Organization Structure for Service Firms. 그런데 1999년 Lovelock과 Wright는 여기에 생산

자료 : 이유재, 서비스마케팅, 2009.

그림 16.1 확장된 서비스 마케팅믹스

성과 품질Productivity and Quality을 포함하여, 8P를 제안하였다Principles of Service Marketing and Management. 그러나 본서에서는 통상적인 7P를 중심으로 추가된 3요소를 살펴보기로 한다.

① 프로세스Process

서비스 전달이나 운영시스템. 서비스가 실제로 수행되는 절차나 활동의 메커니즘과 흐름을 의미한다. 서비스 프로세스란, 서비스가 전달되는 절차나 메커니즘 또는 활동들의 흐름을 의미한다. 프로세스는 서비스상품 그 자체이기도 하면서 동시에 서비스 전달과정인 유통의 성격을 가지고 있다.

② 사람People

서비스 전달과정에서 일정한 역할을 함으로서 구매자의 지각에 영향을 주는 모든 행위자. 직원과 고객 및 일반인을 포함한다.

③ 물리적 증거Physical Evidence

서비스가 전달되고 기업과 고객이 접촉하는 환경. 무형의 서비스가 전달되는 동안 동원되는 유형의 모든 것을 의미한다. 서비스가 전달되어지고 서비스기업과 고객의 상호작용이 이루어지는 환경을 말한다. 이는 무형적인 서비스를 전달하는데 동원되는 모든 유형적 요소를 포함한다.

- 물리적 환경Service Scape : 인간이 창조한 환경을 의미한다.
- 외부환경 : 건물, 외관, 조명, 간판, 주차장, 주변 환경
- 내부환경 : 내부장식, 벽지색상, 가구, 시설물, 공기의 온도와 질, 화장실
- 기타 유형적 요소 : 무형적 서비스 전달에 수반되는 유형적인 요소로 서비스의 품질이나 첫인상에 영향을 미친다. 직원유니폼, 광고전단지, 운송차량, 영수증, 명함, 입장티켓, 웹사이트 등

(1) 서비스마케팅믹스 7P

그림 16.2 마케팅믹스 7P 개요

그림에서 보는 바와 같이 좌측 하단은 전통적인 마케팅믹스 4P인 제품Product, 가격Price, 유통Place, 촉진Promotion이며, 서비스 특성에 따라 서비스 마케팅에서 추가된 3요소인 물리적 증거Physical Evidence, 프로세스Process, 사람People이 우측 상단에 제시되었다. 이것이 서비스 마케팅에서 확장되었으며, 이를 7P라고 하고 있다. 따라서 서비스 마케팅에 있어서 마케팅믹스 요소는 7가지이며, 시장 환경에 따라 이에 대한 세부 요소를 적절히 배합(믹스)하여 상품을 출시하게 된다.

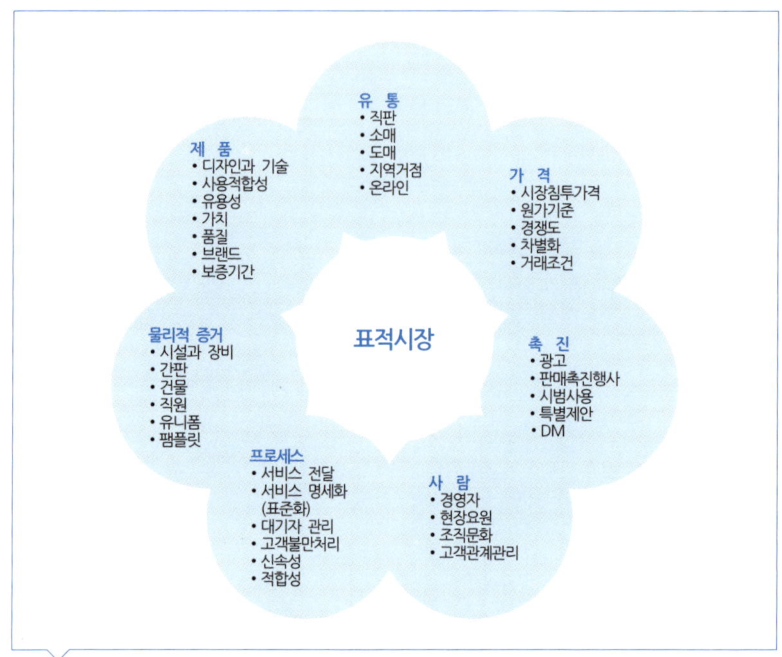

그림 16.3 마케팅믹스 세부 요소

서비스 마케팅믹스 요소 7가지에 대해서 전술하였다. 서비스 산업에서 시장이 요구하는 특정의 서비스 상품을 제시하기 위해서는 시장환경 분석, 경쟁자 분석, 자사 분석 등의 방법을 활용하여 상품을 설계하게 된다. 상기 그림에서 보는 바와 같이 마케팅믹스별 세부적인 요소를 어떻게 조합하는가 하는 것이 마케팅 담당의 기능이 된다. 상품의 계열이나 출하 시기는 물론 서비스 프로세스에 대한 설계, 가격의 설정, 유통망에 대한 고려, 조직원에 대한 교육, 광고 판촉 등등 세부적 변수에 대한 세심한 고려가 서비스 산업의 서비스 마케팅에 있어서 더욱 중요하다.

(2) 인터넷 환경하 서비스마케팅믹스 세부요소

상품	촉진	가격	유통	사람	과정	물리적 증거
• 품질 • 이미지 • 브랜드 • 특색 • 다양성 • 혼합 • 지원 • 고객서비스 • 사용경험 • 가용성 • 보증	• 마케팅 커뮤니케이션 • 개별 판촉 • 판매촉진 • PR • 브랜드 • DM	• 포지셔닝 • 명세서 • 할인 • 신용 • 거래방법 • 무상 또는 부가가치요소	• 거래채널 • 판매지원 • 유통망 수 • 표적유통망	• 마케팅활동상의 개인 • 고객접촉상의 개인 • 충원 • 문화/이미지 • 훈련과 기술 • 보수(급료)	• 고객초점 • 영업지원 • IT지원 • 디자인 특색 • 연구와 개발	• 판매/스탭의 브랜드 접촉 • 상품 포장 • 온라인 경험

그림 16.4 인터넷을 활용한 마케팅믹스의 다양화

상기 도표는 flipboard.com(Internetmarketing)에서 차용한 것이며https://flipboard.com/topic/internetmarketing, 참고할 수 있는 내용으로 본서에서 활용한다. 현재까지 마케팅믹스 4P와 확장된 마케팅믹스 7P에 대해 살펴보았다. 아울러 전편에서 e-서비스에 대해서도 상세하게 설명하였다. 인터넷이 마케팅에서 새로운 환경으로 대두되어, 제품 생산과 서비스 생산을 불문하고 마케팅에 있어서 불가결의 중요한 기능을 담당하게 되었다. 그러므로 기존의 서비스 마케팅 7P의 각각의 세부 요소에서 온라인 환경이 제공하는 새로운 요소를 관리하고 활용할 필요가 있다. 전기한 바와 같은 7P요소들 이외에 ITInformation technology 환경은 7P의 제반 요소에서 중요한 기능을 수행한다. 제품영역과 촉진영역에 있어서 온라인상의 정보제공, 웹 사이트의 품질에 의한 물리적 증거, 사용자와 경험자의 사용 후기에 의한 촉진과 고개관계 관리CRM가 가능하다. 가격과 판촉, 유통영역에서 보면 온라인 반짝 세일 가격 운영, 온라인 특별 할인 등이 있다. 프로세스 영역에서도 온라인 사전 정보, 사전 예약 등의 방법이 활용될 수 있으며, 온라인 직거래에 의한 유통망 단축도 가능하다.

종합정리학습 및 토의과제

❶ 용어에 대한 이해

- 서비스특성과 서비스마케팅
- 마케팅믹스
- 서비스마케팅믹스
- 서비스프로세스
- 사람
- 물리적 증거

종합정리학습 및 토의과제

❷ 토의과제

- 서비스마케팅은 일반제품마케팅과 어떤 공통점과 차이점이 있는가? 차이점은 왜 발생하는가?

- 마케팅믹스란 무엇인가? 사례를 들어 구체적으로 설명할 수 있는가?

- 서비스마케팅믹스에 있어서, 제품마케팅믹스 요소에 추가된 요소는 무엇이며, 어떻게 관리해야 하는가?

THEORY
OF
SERVICE

PART 5

서비스산업

CHAPTER 17 산업 구분

CHAPTER 18 서비스산업과 구조

THEORY
OF
SERVICE

CHAPTER 17 산업 구분

서비스산업을 파악하기 위해 산업의 분류에 대해 살펴볼 필요가 있다. 산업 중에서 직접적으로 자연에 작용하는 산업(1차적)과, 물질적 재화를 생산하는 산업(2차적)을 제외한 모든 산업(3차적)을 서비스산업으로 볼 수 있다. 따라서 선진경제국가로 이행할수록 1, 2차 산업에서 3차 산업의 비중이 증가하는 현상을 보이게 된다.

01. 산업의 분류

산업을 분류하는 방법은 그 기준이 다양하나, 가장 통상적인 기준으로 C.G. 클라크에 의한 1, 2, 3차 산업이다. 다음은 이를 활용하여 두산백과사전(네이버지식백과)의 기술을 인용한다.

(1) 1차 산업Primary Industry

농업 · 목축업 · 임업 · 어업 등 직접 자연에 작용하는 산업의 총칭이다. 대표적인 예는 농업이다. 2차 산업(제조업 · 건설업 · 광업 등), 3차 산업(상업 · 금융업 · 운수통신업 등 서비스업)에 비하면 1차 산업은 생산성 향상의 정도가 낮다. 이것은 C.G.클라크의 분류에 따른 명칭으로, 클라크에 의하면 이러한 각 그룹이 차지하는 가중치Weight, 加重値가 그 나라의 경제발전 단계의 지표로서 경제발전도가 높은 나라일수록 1차 산업에 대한 2차 산업, 2차 산업에 대한 3차 산업의 가중치가 커진다.

세계 각국의 산업은 각 나라의 역사적인 사정, 천연자원의 분포상황, 경제의 발전

단계 등의 상위에 따라 다르나, 개괄해서 보면 선진공업국의 산업별 국민소득 중 1차 산업의 비중은 대폭 저하하고 있는데 반해, 발전도상국은 상당히 높다. 한국의 경우도 1차 산업의 비중이 저하되어가는 추세인데, 이는 경제개발계획의 추진에 따라 경제가 고도성장을 이룩하여 2차 · 3차 산업, 특히 제조업의 생산성이 향상됨으로써 상대적으로 1차 산업이 저하되었기 때문이다.

(2) 2차 산업Secondary Industry

원시적 산업을 제외한 모든 생산적 산업이다. C.G.클라크가 『경제진보의 제조건 The Conditions of Economic Progress』(1940)에서 사용한 산업구조의 분류이다. 그는 산업을 1차 · 2차 · 3차 산업으로 나누고, 경제가 진보하는데 따라 1차 산업에서 2차 산업으로, 2차 산업에서 3차 산업(서비스산업)으로 자본 · 노동 및 소득의 비중이 추이(推移)해 가는 경향을 세계적 규모의 통계적 뒷받침으로 실증하였다.

그에 따르면 1차 산업에는 농업 · 수산업과 목축업이 포함되며, 2차 산업에는 이들을 제외한 모든 물질적 재화를 생산하는 산업이 포함된다. 구체적으로는 광업 · 제조업 등의 광공업 이외에 건설업, 전력 · 가스 · 수도업 등도 포함된다.

(3) 서비스산업Service Industry

1차 산업 · 2차 산업에 대하여, 이들 산업의 발전을 기초로 하여 서비스를 생산하는 3차 산업Tertiary Industry이다. 상업 · 금융업 · 보험업 · 운수업 · 통신업 · 관광업 · 광고업 등이 이에 속한다. 이 산업의 종사자는 자본주의의 발전과 함께 증가하고 있다. 이는 생산과정의 발전에 따른 유통부문의 확대를 의미하는 동시에, 신규졸업자나 소농가의 젊은 노동자들이 서비스업에 유입(流入)됨을 뜻한다. 상업 면에서는 도매업 경영 규모의 대형화 · 근대화가 진행되고 있으며, 소매업은 백화점 · 슈퍼마켓의 진출에 따라 소매점의 비중이 낮아지고 있다.

(4) 4차 산업 · 5차 산업

3차 산업에 대한 세분안(細分案)이다. 산업구조의 전환과 관련하여 최근 3차 산업이 주목을 받고 있다. 그러나 3차 산업이란 물적 생산에 관계되는 1차, 2차 산업을 제외한 모든 산업을 포함하고 있으며, 성격을 달리하는 산업을 일괄하는 개념이다. 따라서 3차 산업을 몇 개로 분류해서 생각하는 것이 산업정책이나 기타를 위해 유효하다는 지적이 나오고 있다. 이에 따라 좁은 뜻의 3차 산업을 상업 · 금융 · 보험 · 수송 등에 한정하고, 4차 산업에 정보 · 의료 · 교육 · 서비스산업 등의 지식집약형 산업을, 5차 산업에 취미 · 오락 · 패션 산업 등을 포함시키는 방안 등이 제시되고 있다.(네이버 지식백과; 제4차 산업 · 제5차 산업(第四次産業, 第五次産業) 두산백과)

02. 산업분류체계

표 17.1 우리나라 산업의 구조

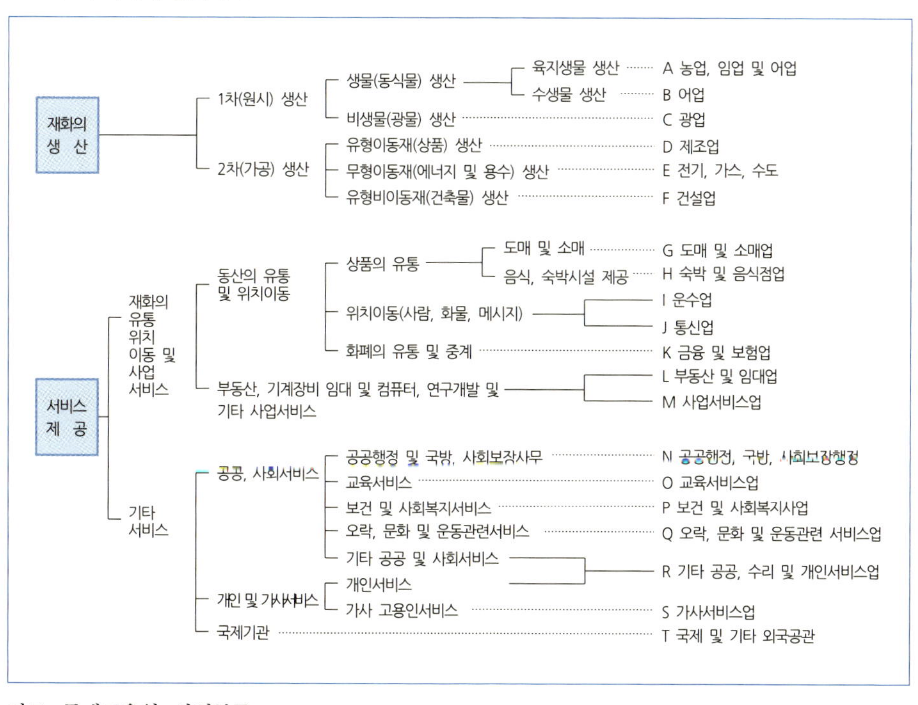

자료 : 통계교육원, 산업분류

산업은 특정기준에 의거하여 분류한다. 대체로 근대 국가들이 C.G.클라크의 분류체계를 활용하고 있다. 우리나라의 경우에도 산업을 분류하는 기준이 설정된 이후 산업 환경변화를 반영하여 주기적인 조정이 이루어지고 있다.

서비스업은 수요자 및 서비스의 기능적 특징에 따라 몇 가지 유형으로 분류될 수 있다. Singelmann(1978)은 서비스산업을 개인서비스Personal Services, 생산자서비스Producer Services, 유통서비스Distributive Services, 사회서비스Social Services 등 4가지 유형으로 분류하였다. 그에 의하면, 유통서비스에는 도 · 소매, 운수보관, 통신업이 포함되며, 생산자서비스에는 금융보험, 부동산, 엔지니어링 · 건축서비스, 회계, 법률, 사업서비스 등이 포함된다. 또한 사회서비스에는 의료보건, 교육, 사회복지 및 종교, 비영리기관, 우편, 공공행정 등이 포함되며, 개인서비스에는 가사서비스, 숙박 및 음식, 수리서비스, 영화 및 연예, 기타 오락서비스, 기타 대 개인서비스 등이 포함된다.

Scharpf(1990)는 이를 발전시켜 서비스업을 서비스 I(도매 및 소매업, 숙박 및 음식점업), 서비스 II(운수 · 보관, 통신 · 우편), 서비스 III(금융 · 보험업, 부동산업, 사업서비스업), 서비스 IV(공공행정 · 국방 · 사회보장, 교육, 보건 · 사회복지, 기타서비스)로 구분하고, 서비스 II와 서비스 III은 생산자서비스로, 서비스 I과 서비스 IV는 소비자서비스로 재분류하였다.

표 17.2 서비스산업 분류체계

	분 류	ISIC Rev.2	해당 산업
Singelmann (1978)	유통서비스	61~62	도매 및 소매
		71~72	운수보관, 통신
	생산자서비스	81~83	금융보험, 부동산, 엔지니어링, 건축서비스, 회계, 법률, 사업서비스
	사회서비스	72, 91, 93	의료보건, 교육, 사회복지 및 종교, 비영리기관, 우편, 공공행정
	개인서비스	63, 94~95	가사서비스, 숙박 및 음식, 수리서비스, 영화 및 연예, 오락서비스, 기타 대개인서비스

	분 류	ISIC Rev.3	해당 산업
Scharpf (1990)	서비스 I	50~55	도매 및 소매업, 숙박 및 음식점업
	서비스 II	60~64	운수업 및 보관, 통신 및 우편
	서비스 III	65~74	금융 · 보험업, 부동산업, 사업서비스업
	서비스 IV	75~99	공공행정 · 국방 · 사회보장, 교육, 보건 · 사회복지, 가사서비스, 기타 지역사회 및 대개인서비스

자료 : R. Schettkat and L. Yocarini, 2003; A. D'Agostino, R. Serafini, M. Ward, 2006.

종합정리학습 및 토의과제

❶ 용어에 대한 이해

- 산업
- 제1차 산업
- 제2차 산업
- 제3차 산업(서비스산업)
- 제4, 5차 산업
- 산업구조
- 개인서비스(Personal Services)
- 생산자서비스(Producer Services)
- 유통서비스(Distributive Services)
- 사회서비스(Social Services)

종합정리학습 및 토의과제

❷ 토의과제

- 산업을 분류하는 기준은 무엇이며, 이 분류의 실익은 무엇인가?

- Singelmann(1978)과 Scharpf(1990)의 산업분류기준은 어떤 공통점과 차이점이 있는가?

- 서비스산업을 세분화하는 필요성과 그 방안에 대해 설명할 수 있는가?

서비스산업과 구조

01. 우리나라 산업구조 변화

1) 산업별 고용과 GDP 비중 변화

(1) 우리나라 산업별 고용구성비 변화

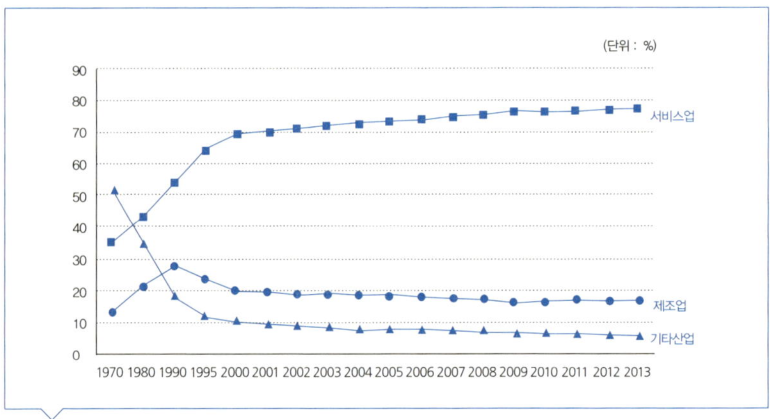

자료 : 통계청 국가통계포럼, http://kosis.co.kr, 경제활동인구 - 산업별 취업자

우리나라 산업별 고용구성비 추이

(2) 우리나라 산업별 GDP비중 변화

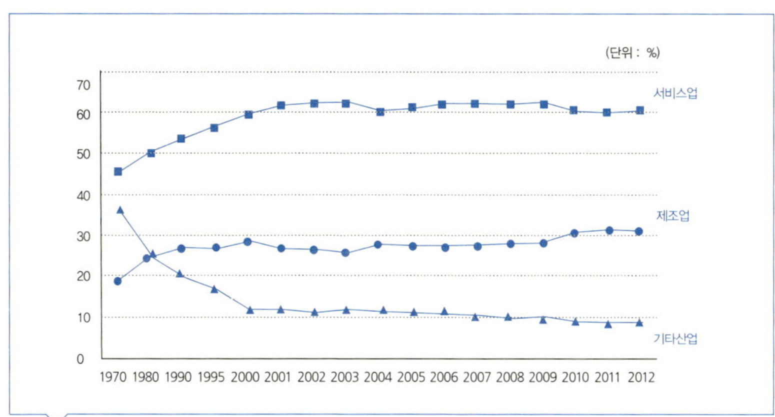

자료 : 한국은행 경제통계시스템, http://ecos.bok.kr, 국민계정 - 연간지표

업종별 대 GDP 비중 추이(명목 기준)

국내총생산(GNP)에서 산업별 구성비 변화 전망

	1980	1990	2000	2005	2010
제조업	28.6%	28.9%	31.3%	29.6%	28.0%
서비스업	44.7%	48.3%	53.0%	55.5%	57.7%

자료 : 한국개발연구원, 산업별 생산 및 취업계수 중장기 전망, 2002.

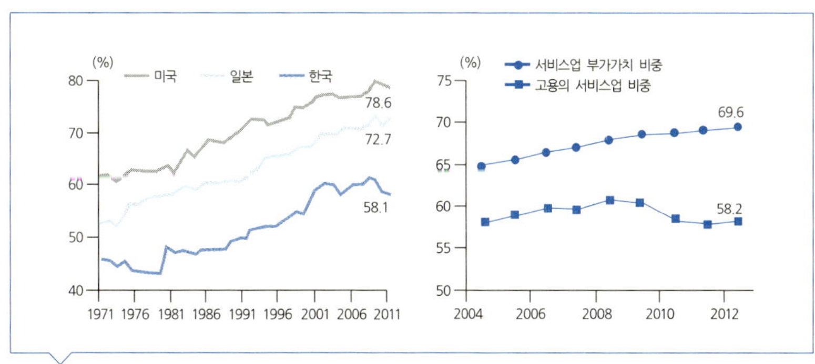

자료 : World Bank

주요국 대비 GDP 서비스업 비중

자료 : 한국은행, 통계청

부가가치 및 고용의 서비스업 비중

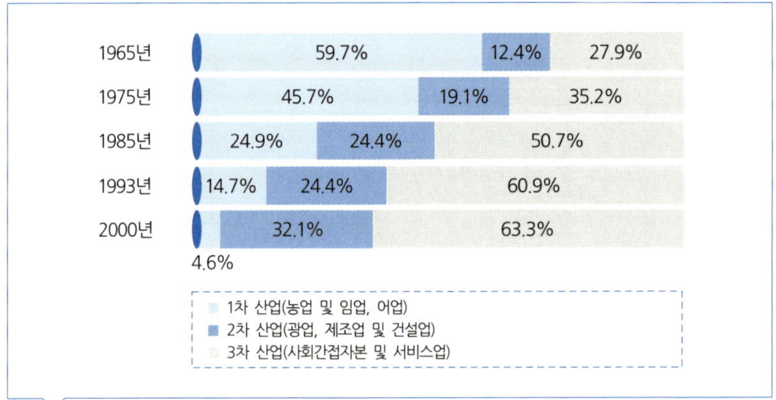

우리나라 산업구조의 변화

02. 한국표준산업 분류와 서비스산업

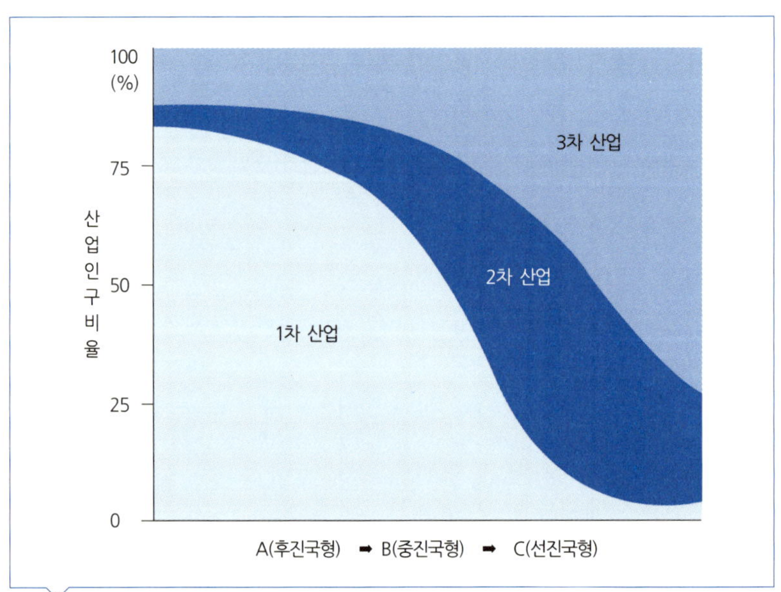

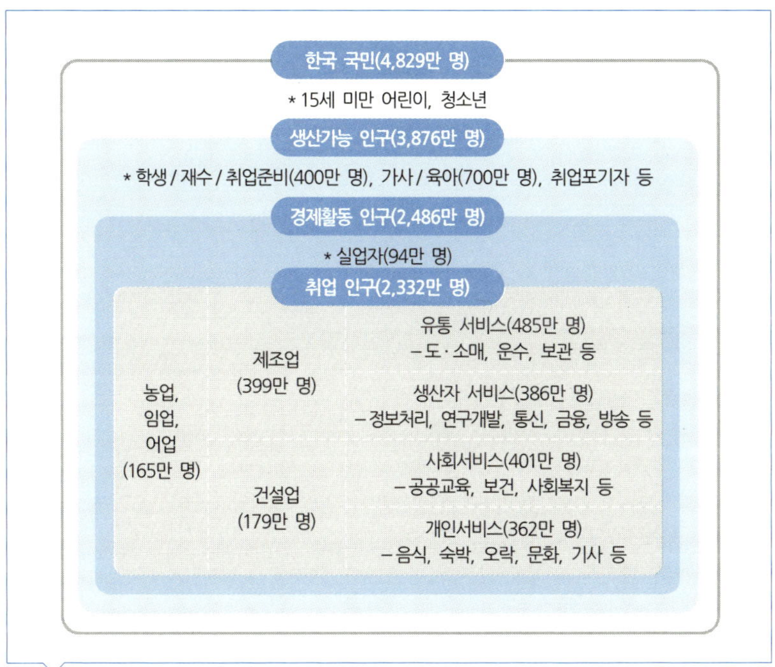

자료 : 2006년 기준 사업부분별 취업자, 통계청

통계청(홈페이지)에 의하면, 다음과 같이 서비스업을 정의하고 산업통계를 작성하고 있음을 설명하고 있다. 서비스업이란, 경제주체의 경제활동에 의하여 타 경제주체나 경제객체의 상태를 변화시키는 무형의 경제재 생산활동을 말한다. 서비스업을 분류하는 데는 관심을 갖는 시각에 따라 포괄범위가 다르나, 통계작성의 기준분류는 국제표준산업분류(UN제정)에 근거한 한국표준산업분류에 따르고 있다.

- 한국표준산업분류상 서비스업-E : 하수 · 폐기물 처리, 원료재생 및 환경복원업 G : 도매 및 소매업 H : 운수업 I : 숙박 및 음식점업 J : 출판, 영상, 방송통신 및 정보서비스업 K : 금융 및 보험업 L : 부동산 및 임대업 M : 전문 · 과학 · 기술서비스업 N : 사업시설관리 및 사업지원서비스업 O : 공공행정, 국방 및 사회보장 행정 P : 교육서비스업 Q : 보건업 및 사회복지 서비스업 R : 예술, 스포츠 및 여가관련 서비스업 S : 협회 및 단체, 수리 및 기타 개인 서비스업

- 도소매업조사 G : 도매 및 소매업 I : 숙박 및 음식점업
- 서비스업조사 E : 하수 · 폐기물 처리, 원료재생 및 환경복원업 J : 출판, 영상, 방송통신 및 정보서비스업 L : 부동산 및 임대업 N : 사업시설관리 및 사업지원서비스업 P : 교육서비스업 Q : 보건업 및 사회복지 서비스업 R : 예술, 스포츠 및 여가관련 서비스업 S : 협회 및 단체, 수리 및 기타 개인 서비스업

※ 기타 견해

- 클라크(C. Clark)의 산업분류
  ① 1차 산업 : 지표나 지하로부터 자원을 채취하는 활동(농림수산업)
  ② 2차 산업 : 1차 산업의 결과 산출물을 가공하는 산업(광업, 제조업, 건설업)
  ③ 3차 산업 : 1, 2차 산업 외 모든 산업으로, 여기서 3차 산업은 서비스업과 거의 일치하며, 서비스산업과 동의어처럼 사용하고 있다.
- 체너리(H. B. Chenery)의 산업분류
  ① 1차 산업 : 농 · 림 · 수산업
  ② 2차 산업 : 광업, 제조업, 건설업
  ③ 공익산업 : 전기, 가스, 통신, 수송, 용수업(사회간접자본)
  ④ 서비스업 : 기타 서비스업

한국표준산업분류

정부공식 기관인 통계청에서는 '한국표준산업분류'에 따라서 통계를 작성한다. 표준산업분류와 연동하여 서비스산업을 보면, 유통서비스(G : 도 · 소매업, H : 운수업), 생산자서비스(J : 통신업, K : 금융 및 보험업, L : 부동산 임대업, N : 사업서비스업), 사회서비스(O : 공공행정, 국방 및 사회보장 행정, P : 교육서비스업, Q : 보건 및 사회복지업), 개인서비스(I : 숙박음식업, R : 오락, 문화 및 운동관련 서비스업, S : 기타 공공, 수리 및 개인서비스업, T : 가사서비스업) 정도로 대응이 될 것이다.

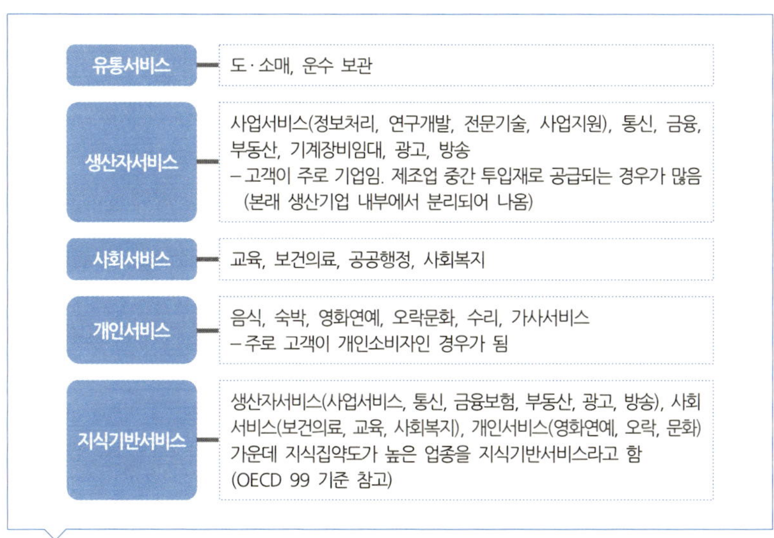

그림 18.1 서비스산업 구분

03. 한국서비스산업 통계조사(2014년 통계청)

(1) 조사내용 개요

① 2014년 기준 서비스업 부문(11개 산업대분류) 사업체수는 271만 5천개, 종사자수는 1,067만 명으로 전년에 비해 각각 3.5%(9만 1천개), 4.3% (43만 9천명) 증가한 것으로 나타남.

- (사업체수)예술 · 스포츠 · 여가(-0.3%)를 제외한 출판 · 영상 · 방송(17.2%), 하수 · 폐기 · 원료재생(11.4%), 전문 · 과학 · 기술(9.7%) 등 대부분 업종에서 증가함.
- (종사자수) 보건 · 사회복지(6.6%), 전문 · 과학 · 기술(6.1%), 부동산 · 임대(6.0%) 등 모든 업종에서 증가함.

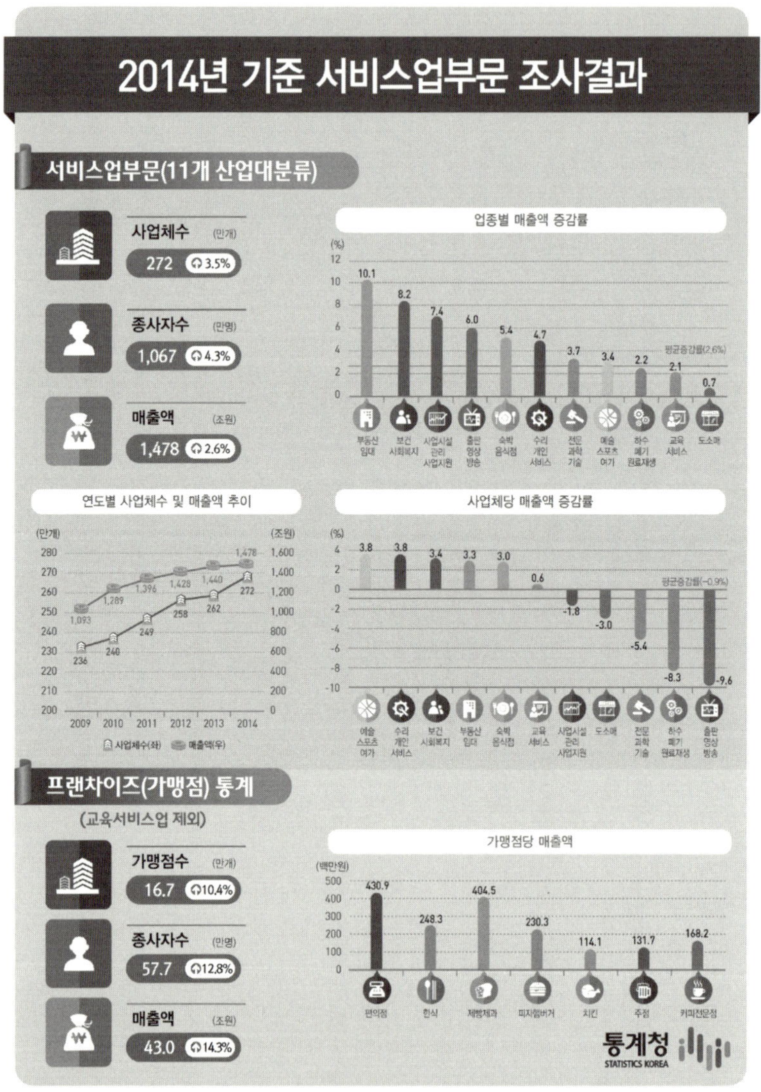

② 매출액은 1,478조 원으로 전년에 비해 2.6%(38조 원) 증가하였으나, 사업체 당 매출액은 5억 4,400만 원으로 전년대비 0.9%(500만 원) 감소한 것으로 나타남.

- (매출액)부동산 · 임대(10.1%), 보건 · 사회복지(8.2%), 사업시설관리 · 사업지원(7.4%) 등 모든 업종에서 증가함.
- (사업체당 매출액)출판 · 영상 · 방송(-9.6%), 하수 · 폐기 · 원료재생(-8.3%), 전문 · 과학 · 기술(-5.4%) 업종 등에서 감소하였으나, 예술 · 스포츠 · 여가(3.8%), 수리 · 개인서비스(3.8%) 업종 등에서 증가함.

③ 2014년 기준 프랜차이즈 가맹점수(교육서비스업 제외)는 16만 7천 개로 전년에 비해 10.4%(1만 6천 개) 증가하였음.

- (종사자수)57만7천 명으로 전년(51만1천 명)에 비해 12.8%(6만5천 명) 증가함.
- (매출액)43조 원으로 전년(38조 원)에 비해 14.3%(5조 원) 증가함.

통계청에 의하면, 2014년 우리나라 서비스업 매출은 1478조 원으로 전년에 비해 2.6% 늘었다. 그러나 사업체수 증가율이 더욱 높아 업체당 매출액은 오히려 감소한 것으로 조사됐다. 커피전문점과 화장품 매장, 온라인쇼핑업체, 공연기획 등의 매출액의 성장세가 돋보였다. 이번조사는 한국표준산업분류상 서비스업 부문에 해당하는 11개 산업대분류에 해당하는 사업체 중 표본으로 선정된 약 20만 개 사업체를 대상으로 면접조사를 실시한 결과이다.

부동산 경기회복에 힘입어 부동산 · 임대업의 매출이 가장 큰 증가율을 보였다. 부동산 · 임대업의 매출은 2013년 56조6,000억 원에서 62조3,000억 원으로 10.1%(5조 7000억 원) 늘었다. 보건 · 사회복지업(8.2%), 사업시설관리 · 사업지원(7.4%), 출판 · 영상 · 방송업(6.0%) 등이 뒤를 이었다. 숙박 · 음식업과 수리 · 개인서비스업, 전문 · 과학 · 기술업, 예술 · 스포츠 · 여가업의 매출증가율도 평균치를 상회했다.

반면, 도 · 소매업의 매출액은 2013년 913조 9,000억 원에서 2014년 920조 2,000억 원으로 6조 3,000억 원(0.7%) 늘어나는데 그쳤다. 교육서비스업과 하수 · 폐기 · 원료재생업의 매출증가율도 각각 2.1%, 2.2%로 평균치보다 낮은 수준을 기록했다. 하지만 사업체별 매출액은 5억 4,400만 원으로 2013년보다 500만 원(0.9%) 감소했다. 예술 · 스포츠 · 여가업을 제외한 모든 업종에서 사업체수가 늘어났기 때문이다. 서비스업 사업체는 2013년 262만 개에서 271만 개로 9만 개(3.5%) 가량 증가했다.

최근 5년(2009~2014년)간 사업체별 매출액은 연평균 3.3%씩 늘어난 것으로 집계됐다. 예술 · 스포츠 · 여가업의 매출액이 연평균 7.5%씩 늘어나 가장 높은 증가율을 기록했다. 도 · 소매업(3.6%), 수리 · 개인서비스업(3.2%), 보건 · 사회복지업(1.7%)의 매출액도 증가추세를 보였다. 반면, 출판 · 영상 · 방송업의 업체별 매출액은 2009년 31억 7,000만 원에서 2014년 23억 8,000만 원으로 해마다 5.6%씩 감소했다. 전문 · 과학 · 기술업(-3.6%)과 사업시설관리 · 사업지원업(-0.1%)의 매출액도 늘지 못했다.

지난해 서비스업 종사자수는 모두 1067만 명으로 전년(1,023만 명)에 비해 44만 명(4.3%) 증가했다. 보건 · 사회복지업과 전문 · 과학 · 기술업, 부동산 · 입대업의 종사자수가 6%대의 증가율을 보였다. 가장 많은 사람들이 종사하고 있는 도 · 소매업의 경우 2013년 288만 명에서 2014년 300만 명으로 12만 명(4.1%) 증가했다. 숙박 · 음식점업 종사자수도 2013년보다 8만 명 늘어난 207만 명으로 집계됐다.

도매업의 경우 미용과 건강에 대한 관심 증가로 화장품, 의료관련 용품 등의 매출액이 증가했다. 소매업에선 온라인쇼핑 활성화로 전자상거래업의 매출액과 종사자수가 크게 늘어난 반면, 휴대폰 보조금 규제 등으로 통신기기 소매업의 매출액과 종사자수는 감소했다. 원두커피의 대중화 등으로 비알코올 음료점의 성장세도 눈에 띄었지만 음주문화의 변화로 주점업 매출액은 모두 감소했다.

이밖에 문화공연 활성화 등으로 공연기획업(28.9%), 연극단체(21.5%) 매출액이 크게 증가했다. 반려동물을 단순한 애완동물이 아닌 삶의 동반자로 여기는 문화가 확산되면서 수의업(동물병원 등) 매출액도 12.6% 늘었다.

이번조사는 한국표준산업분류상 서비스업 부문에 해당하는 11개 산업 대분류에 해당하는 사업체 중 표본으로 선정된 약 20만 개 사업체를 대상으로 면접조사를 실시한 결과이다.(2015.12.24. 이민우 기자 woo@sisabiz.com)

04. 한국서비스산업 통계조사 – 기초자료(2014년 통계청)

2014년 통계청에서 발표한 우리나라 서비스산업 통계자료는 다음과 같다.

1) 사업체수

(단위 : 개, %)

산업분류	2013년		2014년		
		구성비		구성비	증감률
합 계	2,624,654	100.0	2,715,208	100.0	3.5
E 하수 · 폐기 · 원료재생	6,965	0.3	7,761	0.3	11.4
G 도 · 소매	960,388	36.6	997,120	36.7	3.8
45 자동차	27,327	1.0	28,928	1.1	5.9
46 도매업	281,734	10.7	309,615	11.4	9.9
47 소매업	651,327	24.8	658,577	24.3	1.1
I 숙박 · 음식점	686,225	26.1	703,364	25.9	2.5
55 숙박	50,485	1.9	52,474	1.9	3.9
56 음식 · 주점업	635,740	24.2	650,890	24.0	2.4
J 출판 · 영상 · 방송	30,416	1.2	35,649	1.3	17.2
L 부동산 · 임대	132,630	5.1	141,186	5.2	6.5
M 전문 · 과학 · 기술	79,495	3.0	87,173	3.2	9.7
N 사업시설관리 · 사업지원	46,447	1.8	50,785	1.9	9.3
P 교육서비스	151,609	5.8	153,461	5.7	1.2
Q 보건 · 사회복지	125,703	4.8	131,505	4.8	4.6
86 보건	66,401	2.5	67,981	2.5	2.4
87 사회복지	59,302	2.3	63,524	2.3	7.1
R 예술 · 스포츠 · 여가	103,973	4.0	103,635	3.8	-0.3
S 수리 · 개인서비스	300,803	11.5	303,569	11.2	0.9
95 수리	98,695	3.8	99,926	3.7	1.2
96 개인서비스	202,108	7.7	203,643	7.5	0.8

2) 종사자수

(단위 : 명, %)

산업분류	2013년	구성비	2014년	구성비	증감률
합 계	10,231,772	100.0	10,670,433	100.0	4.3
E 하수 · 폐기 · 원료재생	77,910	0.8	82,216	0.8	5.5
G 도 · 소매	2,879,955	28.1	2,998,923	28.1	4.1
45 자동차	121,815	1.2	125,866	1.2	3.3
46 도매업	1,115,068	10.9	1,197,107	11.2	7.4
47 소매업	1,643,072	16.1	1,675,950	15.7	2.0
I 숙박 · 음식점	1,991,476	19.5	2,071,581	19.4	4.0
55 숙박	167,262	1.6	176,070	1.7	5.3
56 음식 · 주점업	1,824,214	17.8	1,895,511	17.8	3.9
J 출판 · 영상 · 방송	418,302	4.1	442,479	4.1	5.8
L 부동산 · 임대	466,719	4.6	494,750	4.6	6.0
M 전문 · 과학 · 기술	545,834	5.3	578,862	5.4	6.1
N 사업시설관리 · 사업지원	943,283	9.2	976,789	9.2	3.6
P 교육서비스	521,710	5.1	527,863	4.9	1.2
Q 보건 · 사회복지	1,325,849	13.0	1,413,443	13.2	6.6
86 보건	785,617	7.7	820,378	7.7	4.4
87 사회복지	540,232	5.3	593,065	5.6	9.8
R 예술 · 스포츠 · 여가	360,621	3.5	365,964	3.4	1.5
S 수리 · 개인서비스	700,113	6.8	717,563	6.7	2.5
95 수리	260,902	2.5	269,629	2.5	3.3
96 개인서비스	439,211	4.3	447,934	4.2	2.0

3) 매출액

(단위 : 십억 원, %)

산업분류	2013년	구성비	2014년	구성비	증감률
합 계	1,440,363	100.0	1,478,153	100.0	2.6
E 하수 · 폐기 · 원료재생	16,455	1.1	16,809	1.1	2.2
G 도 · 소매	913,882	63.4	920,173	62.3	0.7
45 자동차	64,531	4.5	70,167	4.7	8.7
46 도매업	542,763	37.7	540,744	36.6	-0.4
47 소매업	306,588	21.3	309,262	20.9	0.9
I 숙박 · 음식점	90,630	6.3	95,529	6.5	5.4
55 숙박	11,081	0.8	11,709	0.8	5.7
56 음식 · 주점업	79,550	5.5	83,820	5.7	5.4
J 출판 · 영상 · 방송	79,898	5.5	84,699	5.7	6.0
L 부동산 · 임대	56,621	3.9	62,312	4.2	10.1
M 전문 · 과학 · 기술	58,498	4.1	60,661	4.1	3.7
N 사업시설관리 · 사업지원	41,525	2.9	44,608	3.0	7.4
P 교육서비스	24,550	1.7	25,060	1.7	2.1
Q 보건 · 사회복지	88,227	6.1	95,425	6.5	8.2
86 보건	72,230	5.0	78,158	5.3	8.2
87 사회복지	15,997	1.1	17,267	1.2	7.9
R 예술 · 스포츠 · 여가	38,169	2.6	39,463	2.7	3.4
S 수리 · 개인서비스	31,908	2.2	33,415	2.3	4.7
95 수리	19,177	1.3	19,984	1.4	4.2
96 개인서비스	12,731	0.9	13,431	0.9	5.5

4) 사업체당 및 종사자 1인당 매출액

(단위 : 백만 원, %)

산업분류	사업체당 매출액			종사자 1인당 매출액		
	2013년	2014년	증감률	2013년	2014년	증감률
합 계	549	544	-0.9	141	139	-1.4
E 하수 · 폐기 · 원료재생	2,362	2,166	-8.3	211	204	-3.3
G 도 · 소매	952	923	-3.0	317	307	-3.2
45 자동차	2,361	2,426	2.8	530	557	5.1
46 도매업	1,927	1,747	-9.3	487	452	-7.2
47 소매업	471	470	-0.2	187	185	-1.1
I 숙박 · 음식점	132	136	3.0	46	46	0.0
55 숙박	219	223	1.8	66	67	1.5
56 음식 · 주점업	125	129	3.2	44	44	0.0
J 출판 · 영상 · 방송	2,627	2,376	-9.6	191	191	0.0
L 부동산 · 임대	427	441	3.3	121	126	4.1
M 전문 · 과학 · 기술	736	696	-5.4	107	105	-1.9
N 사업시설관리 · 사업지원	894	878	-1.8	44	46	4.5
P 교육서비스	162	163	0.6	47	47	0.0
Q 보건 · 사회복지	702	726	3.4	67	68	1.5
86 보건	1,088	1,150	5.7	92	95	3.3
87 사회복지	270	272	0.7	30	29	-3.3
R 예술 · 스포츠 · 여가	367	381	3.8	106	108	1.9
S 수리 · 개인서비스	106	110	3.8	46	47	2.2
95 수리	194	200	3.1	74	74	0.0
96 개인서비스	63	66	4.8	29	30	3.4

종합정리학습 및 토의과제

❶ 용어에 대한 이해

- 국제표준산업분류
- 한국표준산업분류
- 서비스산업

종합정리학습 및 토의과제

❷ 토의과제

- 미국 및 일본과 비교하여 우리나라 서비스산업의 비중은 어떠한가?

- 서비스산업의 비중이 현대사회에 있어서 지속적으로 증가하고 있는 이유는 무엇인가?

- 우리나라의 경우 서비스업 분류 기준이 <한국표준산업 분류>, <도·소매업 조사>, <서비스업 조사> 등에서 동일한가? 그러하지 못하다면 그 원인은 무엇인가?

REFERENCES

김병헌, 관광학세미나, 백산출판사, 2016.

김병헌, 항공사 여객운송 e-서비스품질 측정에 관한 연구, 한국관광진흥학회, 춘계학술대회, 2013, pp.155-174.

김병헌 · 윤문길, UTAUT 모형을 이용한 항공사 e-서비스의 고객 수용과 이용행태에 대한 연구, 관광레저연구, 제23권 제6호(통권61호), 2011, pp.471-491.

윤문길 외, 항공운송서비스경영, 한경사, 2008.

이유재, 서비스마케팅, 학현사, 4판, 2009.

장대성, 항공사서비스품질 측정방법의 비교연구, 품질경영학회지, 제31권 제4호, 2003, pp.36-54.

지성구 · 홍석기, 국제선항공서비스 척도개발, 산업경제연구, 제18권, 제3호, 2005, pp.1,179-1,201.

통계청, www.kostat.go.kr

한국표준협회(KSA), http://www.ksa.or.kr, 2009, 2015.

Anderson, R. E. and Srinivasan, S. S., "E-satisfaction and e-loyalty : A contingency framework," Psychology & Marketing 20(2), 2003, pp.123-138.

Arora, R., Stoner, C., The Effect of Perceived Service Quality and Name Familiarity on the Service Selection Decision, The Journal of Services Marketing, Vol.10, No.1, 1996, pp.22-34,

Booms, B. H., Bitner, M., Marketing Strategies and Organization Structure for Service Firms, in J. H. Donnelly and W. R. George, Marketing of Services. Chicago : American Marketing Association, 1981, pp.47-51.

Carroll, D., "Expert Being on Time Isn't Everything for Airlines," USA Today, March5, 1992, p.6B.

Cheng Wang et al., An Integrated Model of Intentions to Adopt Self-Service Technologies

(SSTs) : The Moderating Effects of Personality Traits Cheng Wang, Jennifer Harris, Paul Patterson, University of New South Wales, 2009.

Collier, David A., The Service / Quality Solution, Burr Ridge, Ill : Irwin, 1994, pp.63-68.

Cronin, Jr., J. J. and Taylor, S. A., Measuring Service Quality : A Reexamination and Extention, Journal of Marketing, Vol.56, No.3, 1992, pp.55-68.

DeLone, W. H. and McLean, E. R., "Measuring e-commerce success : Applying the DeLone & McLean information systems success model," International Journal of Electronic Commerce, 9(1), 2004, pp.31-47.

EFQM, EFQM Levels of Excellence : European Quality Award Information Brochure for 2004, Brussels, Belgium.

EFQM, http://www.efqm.org, 2007.

Evanschitzky, H., Iyer, G. R., Hesse, J. and Ahlert, D., "E-satisfaction : A re-examination," Journal of Retailing, 80, 2004, pp.239-247.

Federal Express, "Taking the Measure of Quality," Service Savvy, March, 1992, p.3.

Fitzsimmons, J. A. and Fitzsimmons, M. J., Service Management, 3rd. ed., McGraw-Hill, 2001, p.243.

Garvin, David A.,What does 'Product Quality' Really Mean?, MIT Sloan Management Review 26, no.1(fall 1984). pp.25-28.

Grönroos, Christian, Service Management and Marketing, Lexington Books, Lexington, Mass., 1990, p.27.

Grönroos, Christian, Strategic Management and Marketing in The Service Sector, Chartwell-Bratt, Bromley, 1984.

ISO, Quality Management Principles, ISO 9000, products, http://www.iso.org, 2009.

Karankitikorn, O., A Comparative study of service quality of Thai Airways : Domestic flights vs. International flights Unpublished doctoral dissertation, Ramkhumhaeng University, 2004.

Kurtz, D. L. and Clow, K. E., Service Marketing, New York, Wiley & Sons, 1998.

Lovelock, C. and Wright, L., Principles of Service Marketing and Management, 2nd ed., Prentice-Hall, NJ, 2002.

Lovelock, C. and Wright, L., Principles of Service Marketing and Management, Upper

Saddle River, Prentice-Hall, NJ, 1999.

Malcolm Baldrige National Quality Award, 1999 Application Summary for The Ritz-Carlton Hotel Company, 2000.

McCarthy, E. J. Basic Marketing : A Managerial Approach, Homewood, IL : Richard D. Irwin, 1960.

NIST, Baldridge National Quality Program : Criteria for Performance Excellence, US department of Commerce, 2007.

NIST, http://www.quality.nist.gov, 2007.

Parasuraman, A. Berry, L. L. and Zeithaml, V. A., "Refinement and Reassessment of the SERVQUAL Scale", Journal of Retailing, Vol.67, No.4, 1991, pp.420-450.

Parasuraman, A., Zeithaml, V. A. and Malhotra, A., "E-S-QUAL : A multiple-item scale for assessing electronic service quality," Journal of Service Research, 7(3), 2005, pp.214-233.

Parasuraman, A., Zeithaml, V. A., and Berry, L. L., A Conceptional Model of Service Quality and Its Implications for Future Research, Journal of Marketing, vol. 49, Fall 1985, p.48.

Parasuraman, A., Zeithaml, V. A., and Berry, L. L., SERVQUAL : A Multiple-Item Scale for Measuring Consumer Perceptions of Service Quality, Journal of Retailing, Vol.64, No.1, 1988.

Pavlou, P. A. and Fygenson, M., "Understanding and predicting electronic commerce adoption : An extension of the theory of planned behavior," MIS Quarterly, 30(1), 2006, pp.115-143.

Rust, R. T. and Kannan, P. K. E-Service : New Directions in Theory and Practice, M. E. Sharpe, New York, 2002, p.5.

Sasser, W. E. et al., Management of Service Operations, Allyn & Bacon, Boston, MA. 1978.

Sultan, F. and Merlin C, Simpson, Jr., "International Service Variants : Airline Passenger Expectations and Perceptions of Service Quality," Journal of Services Marketing, Vol.14, No.3. 2000.

The W. Edwards Deming Institute, http://deming.org/demingprize, 2009.

Van Riel & Ouwersloot, "Extending electronic portals with new services : Exploring usefulness of brand extension models", Jounal of Retailing and Consumer Services, 2005.

Voss, C. A., Rethinking Paradigms of Service-Service in A Virtual Environment, IJOPM, Vol.23, No.1, 2003, pp.88-104.

Waguespack, Blaise Jr., Rhoades, Dawna L. and Tiernan, Siobhan, An Investigation into Airline Service Quality Performance Between US Legacy Carriers and Their EU Competitors and Partners, Journal of Air Transportation, 2007.

Weill, Peter and Vitale, Michael R., Place to Space : Migrating to eBusiness Models, Cambridge, Mass : Harvard Business School Press, 2001, p.21.

Zeithaml, V. A., Berry, L. A. and Parasuraman, A., The Behavioral Consequences of Service Quality, Journal of Marketing, Vol.60, April, 1996, pp.31-46.

Zeithaml, V. A., Berry, L. A. and Parasuraman, A., The Nature and Determinants of Customer Expectation of Service, Journal of the Academy of Marketing Science, Vol.21, No. 1, 1993, pp.1-12.

Zeithaml, V. A., Berry, L. A. and Parasuraman, Communication and Control Processes in the Delivery of Service Quality, Journal of Marketing, Vol.52, April, 1988, pp.35-48.

Zeithaml, Valarie A., and Bitner, Mary J., Service Marketing, McGraw-Hill, New York, 1996, p.5.